Le Voyage
à Timimoun

Du même auteur :

Romans et récits

Manuel de guérilla à l'usage des femmes, Grasset, 2009.

Cavalcades et dérobades, Jean-Claude Lattès, 2008. Prix Pégase (École nationale d'Equitation, Saumur).

La Planète disneylandisée, chroniques d'un tour du monde, éditions Sciences Humaines, 2006.

La Déliaison (avec Ariane Fornia), Denoël, 2005.

Frontières, Denoël, 2003.

Essais et documents

Le Ciel ne va pas nous tomber sur la tête (avec la Société de géographie), Lattès, 2010.

Nourrir le monde, vaincre la faim, Larousse, 2009.

Le Développement durable, PUF, « Que sais-je ? », 2004, 2009, 2010.

À qui profite le développement durable ?, Larousse, « À dire vrai », 2008.

L'Afrique, un continent en réserve de développement, Bréal, 2004.

Famines et politique, Presses de Sciences Po, 2002.

Ceux qui vont mourir de faim, Le Seuil, 1997.

Le Sud dans la nouvelle économie mondiale, PUF & Major, 1995.

Le Gaspillage de l'aide publique, Le Seuil, 1993.

Une tragédie banalisée, la faim dans le monde, Hachette, « Pluriel », 1991.

Tiers-Mondes, controverses et réalités, Economica, 1987.

Asie-Afrique, greniers vides, greniers pleins, Economica, 1986.

www.editions-jclattes.fr

Sylvie Brunel

Le Voyage à Timimoun

Roman

JC Lattès

ISBN : 978-2-7096-3647-6

Première édition novembre 2010.

Pour Alexandra, Guillaume,
Marianne, mes enfants.

1

Blessure

« Si tu ne sais pas où tu vas, regarde d'où tu viens. » Le style de formule qui me gâchait la vie à l'époque où j'ai fait ce voyage. D'où je venais, je le savais effectivement. Je me croyais mariée, heureuse et tranquille. Où j'allais, c'était moins net déjà. Je venais de divorcer, mon mec s'était tiré avec une gamine et mes cinquante ans se rapprochaient dangereusement.

C'est pour ça sans doute que je me retrouvai un petit matin de décembre dans le terminal le moins reluisant de Roissy, en partance pour un pays que je ne connaissais pas, l'Algérie, et qui, a priori, ne me tentait pas du tout.

C'était ce qu'on appelle un voyage de presse. Des tas de gens connus et en couple. Mes étudiants aussi, parce que l'organisateur les avait invités. Et moi, qui me sentais, comme toujours à l'époque, affreusement seule.

J'avais demandé à Mick, un ancien petit copain, de venir avec moi. J'espérais qu'il me tiendrait compagnie pendant ces trois jours, que je redoutais : j'avais une propension particulière à me sentir seule au sein des groupes, surtout lorsque je partais sans mes enfants. Je me disais que Mick serait une présence, un palliatif de la solitude profonde qui allait, j'en étais sûre, être mon lot jusqu'à la fin de ma vie.

Mick collait parfaitement à l'image que je me faisais du bodyguard, avec ses deux mètres de haut et sa carrure de déménageur. Je l'avais rencontré dans le train, un jour où mon cours n'était pas prêt, ce qui me mettait toujours en transe. Il m'avait plu immédiatement, avec ses longs cheveux, son look de loubard, sa taille insensée. À cette époque-là, Marc ne me faisait déjà plus l'amour depuis des lustres. Je m'occupais des enfants et il vivait sa vie, ce qui signifiait qu'il n'était jamais là, toujours tendu, préoccupé. Je me doutais bien qu'il y avait une autre femme, mais il niait toujours farouchement, se mettant en colère lorsque j'osais le soupçonner.

Mick m'avait relancée avec constance, jusqu'à ce que je cède. J'avais eu avec lui une liaison passionnée. Évidemment j'étais tombée amoureuse. Rien de plus facile que de rendre amoureuse une épouse frustrée. Il m'avait tenue à distance avec élégance, malgré quelques épisodes furieusement romantiques auxquels je m'accrochais pour ne pas voir la réalité en face, puis larguée proprement lorsque sa femme avait découvert l'affaire, comme tous les séducteurs professionnels qui tiennent plus que tout à leur mariage. Comme Marc en fait. Je ne le savais pas encore à l'époque, mais Marc multipliait les liaisons. Son apparent désintérêt pour le sexe s'expliquait uniquement par le fait qu'il était largement satisfait ailleurs. Ignorer sa femme pour la première nana venue est un grand classique chez les dragueurs. Marc me délaissait, mais Mick s'occupait de moi. Pour l'un, j'étais l'épouse et la mère, donc totalement dénuée de sex appeal. Pour le second, la maîtresse convoitée, que l'on voyait en cachette d'une épouse aimée, mais qui faisait partie des meubles. Finalement, tout le monde y trouvait son compte, sauf l'épouse, qui avait fini par planter Mick pour partir avec son meilleur ami – il en aurait crevé de douleur, lui qui l'avait trompée avec la terre entière, c'était pathétique. Et Marc avait trouvé la femme de sa vie, dont la principale caractéristique résidait dans une différence d'âge de trente ans avec le quinquagénaire qu'il était devenu. Que nous étions devenus.

Mick et moi, nous ne sortions plus ensemble depuis belle lurette. Je m'en fichais d'ailleurs, le sexe n'était pas précisément mon obsession du moment, même si je gardais de bons souvenirs de ma relation avec lui. Il m'avait fait découvrir les bidonvilles verticaux du nord de Marseille. Son boulot consistait à empêcher leurs habitants de jeter leurs poubelles et leurs vieux frigos par les fenêtres. Mick allait chercher des taulards à la sortie de la prison des Baumettes pour les embaucher sur ses chantiers d'insertion. Ils étaient censés nettoyer les écuries d'Augias sans se prendre les frigos sur la tête. Dès que Mick s'en allait, les détritus pleuvaient de plus belle. C'était le genre de type qui se fixe des objectifs monstrueux tout en passant son temps à râler contre la bêtise des administrations. Je l'aimais bien parce qu'il était gentil. J'escomptais qu'il me tienne compagnie en Algérie, du moins s'il arrivait à prendre l'avion : pour l'instant, sa navette était bloquée dans les glaces. Car ce jour-là, en plus, il régnait sur Paris une atmosphère de Sibérie en déroute. Nous n'allions peut-être même pas décoller.

Surtout avec ce que les passagers du vol essayaient de bourrer dans l'avion. La file d'attente à l'enregistrement dégueulait les paquets les plus étranges. Des caisses, des valises, des trucs bizarres, dont on se demandait pourquoi il fallait absolument gratifier l'Algérie. Les pires semblaient être les musiciens qui nous accompagnaient. Leur barda, c'était incroyable. À mon avis, à eux seuls, ils remplissaient la soute.

Certains groupes étaient connus, comme ces guitaristes manouches qui se taillaient toujours un franc succès ; d'autres non. Un très bel homme avait d'emblée attiré mon attention. Le teint mat, des traits qui évoquaient les Indiens d'Amérique, mais une immense chevelure blanche et bouclée, nouée en queue de cheval. Isabelle, l'attachée de presse, m'avait renseignée : il s'agissait d'Argentins qui arrivaient spécialement de Buenos Aires. Ils devaient se produire lors d'un festival de musiques du monde, en plein Sahara. Un festival auquel nous allions nous aussi assister.

Nous étions plus de cent cinquante. Ferdinand avait dû affréter un avion plus important que le boeing de l'aéropostale initialement prévu – Ferdinand réussissait à faire feu de tout bois, il avait compris qu'il suffisait de rajouter des rangées de sièges une fois qu'il avait livré ses paquets. Pendant la nuit, hop, une armée de petites mains, dont j'espérais qu'elles soient suffisamment compétentes, vissaient sur le sol de quoi accueillir des êtres humains. Je pensais à ces avions du Congo, où les gens se tenaient debout, les mains glissées dans des sangles, comme dans le métro. Ferdinand allait-il nous infliger le même sort ? Il excellait dans l'art de rentabiliser ses rotations aériennes.

Mais Ferdinand était aussi un homme généreux. Il aimait réunir autour de lui toute une cohorte hétéroclite d'amis, de relations utiles, de personnes qu'il voulait aider. Tout ce qu'il touchait prenait une autre couleur. Alors le ministre du Tourisme algérien, dont on disait qu'il pouvait devenir le prochain président du pays – mais on disait ça de tout le monde en Algérie –, avait eu le droit de convier tous les invités qu'il souhaitait. Et un ancien patron de chaîne de télévision, réputé grand ami de l'Algérie, avait rameuté les siens. Il y en avait, en France, des amoureux de ce pays, des gens dont les parents, du jour au lendemain, avaient dû quitter une terre qu'ils pensaient être leur pour se retrouver sans rien de l'autre côté de la Méditerranée, amputés de leurs racines.

Ferdinand avait aussi rempli l'avion de journalistes et de tour-opérateurs : quand il lançait une nouvelle destination, il entendait que ça se sache. Ferdinand, l'homme qui désenclavait les lieux les plus improbables, ouvrant des destinations inattendues à des prix défiant toute concurrence. Il apparaissait ainsi comme le grand bienfaiteur des régions oubliées de la mondialisation, tout en évitant d'affronter les grandes compagnies aériennes sur les aéroports les plus courus. Une armada de retraités et de routards prêts à endurer l'inconfort d'avions bondés en échange de prix tirés au plus bas assurait le succès de son entreprise. Ils revenaient de leur voyage dans les banlieues du monde tellement émus par la misère côtoyée qu'ils créaient immédiatement leur petite ONG, garantissant ainsi la pérennité de la destination grâce au fret dont ils remplissaient les avions. Ferdinand était un capitaliste franc-tireur, un homme au grand cœur qui ne perdait jamais de vue l'intérêt de son portefeuille. Mais il n'empochait pas lui-même les bénéfices de ses coups de poker : il avait tenu à ce que ses salariés soient les premiers propriétaires de sa coopérative aérienne.

Il était venu un jour présenter son entreprise à mes étudiants. J'avais ainsi noué à l'université un certain nombre de contacts qui leur permettaient de décrocher des stages, avec l'espoir que ces derniers faciliteraient leur insertion dans la vie professionnelle. Ce qui était rarement le cas, hélas : les entreprises en tiraient le meilleur, puis les remerciaient de leur dévouement avec un petit chèque, sans commune mesure avec ce qu'elles auraient dû verser pour le même travail à un véritable salarié. Plutôt que de leur faire cours, Ferdinand s'était livré à son numéro préféré, raconter sa vie. Leur enthousiasme – sincère, car j'étais bien tombée cette année-là, avec une promotion attendrissante d'application et de gentillesse, qui faisait mentir toutes les horreurs qu'on pouvait lire sur l'université – l'avait tellement transporté qu'il leur avait offert de faire partie du premier voyage à Timimoun. Mes étudiants n'en étaient pas revenus. Certains avaient dû se faire établir un passeport en urgence : ils n'étaient encore jamais sortis de France !

Je les regardais, avec leurs bonnes têtes d'enfants à peine grandis, leurs gros sacs à dos et leurs duvets. Tous s'étaient regroupés autour du beau Juan, leur leader autoproclamé, grand brun ténébreux dont l'esbroufe m'en avait imposé, jusqu'à ce que je réalise que ses résultats scolaires n'étaient guère à la hauteur de sa vanité. Mais Juan les rassurait par son aplomb. C'était la grande aventure pour eux, cette expédition de trois jours en Algérie. Une opportunité à laquelle ils n'auraient jamais osé croire lorsqu'ils s'étaient inscrits en fac de géographie. Découvrir une oasis algérienne et dormir tous ensemble en campement dans le désert, le pied. À leur âge, j'avais adoré, sauf que ça se passait en Camargue et que je m'étais fait draguer à mort par le prof. Le genre de choses qui ne risquaient pas de leur arriver, de ma part en tout cas : les gamins, ce n'était pas mon genre, même divorcée. Mais je voyais quelques journalistes émoustillés par la présence de toute cette chair fraîche. Même Mick, qui venait enfin d'arriver alors que je me résignais à sa défection, leur lançait déjà, le traître, des coups d'œil intéressés. Je le voyais amorcer dans leur direction une subtile reptation – je sais, le terme n'était pas vraiment approprié pour un gaillard qui surplombait la foule de trente bons centimètres, mais justement, j'apercevais la tête de mon supposé garde du corps effectuer une lente progression au-dessus de la marée humaine vers ce groupe de jeunes qui l'aimantait. Comme beaucoup de quinquagénaires, Mick ne supportait absolument pas de vieillir. Comme Marc, somme toute.

Moi, j'étais leur respectable professeur – et j'aurais bien aimé d'ailleurs que Mick ne commençât pas à faire copain copain avec eux. Mais il était difficile d'avoir la moindre influence sur Mick. Les étudiants pour lui, c'était un peu comme ses taulards, il savait leur parler, de façon à la fois proche, familière et en même temps avec une sorte d'autorité liée à son âge et son statut. Et sa carrure aussi. Mesurer deux mètres en imposait tout de suite. Même Juan paraissait petit à côté de lui, ce qui semblait le mettre en rage.

Quand je sortais avec Mick, j'étais fière de sa grande taille. Ça me changeait de Marc : j'avais toujours regretté d'avoir choisi un mari qui ne dépassait pas un mètre soixante-quinze, comme il avait probablement toujours regretté d'avoir pris une femme qui avait du mal à passer sous la barre des soixante kilos. Trente ans après, j'en avais accumulé dix de plus, alors que lui n'avait (presque) pas rapetissé dans l'intervalle. Il partait avantagé dans sa quête éperdue de jeunesse, la même que celle de

Mick, la même que celle de ces séducteurs terrifiés par la perspective de redescendre une pente qu'ils avaient mis toute leur vie à grimper. Repartir de zéro avec une femme qui aurait pu être leur fille devenait pour eux une obsession. Ils avaient tellement peur de vieillir, tellement peur de mourir ! Face à cette panique existentielle, qui se manifestait la première fois que leur associé préféré montrait une défaillance en pleine action, après avoir fidèlement, des années durant, servi leurs plans sans mollir, plus rien d'autre n'existait que le sauve-qui-peut. Et surtout pas les premières épouses, ces femmes mûres qui leur rappelaient trop combien ils avaient accumulé de kilomètres au compteur. Comme moi, elles restaient sur le carreau. Avec trois gosses, des souvenirs encombrants et un avenir qui me paraissait, sur le moment, sérieusement compromis.

J'avais failli ne pas venir. Ferdinand, qui était souvent distrait, m'avait fait suivre un email qui ne m'était visiblement pas destiné. Son expéditeur divisait l'avion en deux groupes : les VIP et les Besogneux. Les premiers arrivaient juste avant l'embarquement, étaient installés à l'avant de l'avion, où on leur servait un repas d'affaire, logés dans un hôtel de luxe, et ils passaient trois jours à découvrir agréablement la ville oasis et ses environs. Les seconds, comme leur nom l'indiquait, étaient là pour bosser.

On les convoquait trois heures avant le décollage. Ils dormaient à la dure, mangeaient des sandwichs et justifiaient l'honneur qui leur était fait en travaillant gratuitement sur la mise en tourisme de la ville.

Mon nom figurait sur la seconde liste.

J'ai annoncé à Ferdinand que je renonçais au voyage. Mes étudiants pouvaient partir sans moi. L'université prétendait me faire signer un de ces formulaires dont elle avait le secret. Celui-là s'appelait un « ordre de mission sans frais ». Il signifiait que je prenais la responsabilité de mes vingt étudiants pendant les vacances universitaires, ces sacro-saintes vacances qui valaient aux enseignants la détestation du reste de la société. S'il arrivait un pépin à l'un d'entre eux, j'étais en première ligne. Juste parce que Ferdinand les avait invités pendant trois jours.

Je lui ai dit que j'étais épuisée et que je préférais renoncer.

Et c'était vrai : le semestre universitaire avait été interminable, tous mes cours de l'année étaient concentrés sur les quatre premiers mois de l'année. À cause de mon divorce, j'avais dormi à l'hôtel chaque fois que je venais à Paris. Ou plutôt je n'avais pas dormi à l'hôtel, puisque j'avais passé mes nuits à me ronger les sangs en pensant à Marc en train de s'envoyer en l'air avec sa nana à trois cents mètres de là, dans l'appartement que nous occupions ensemble quelques mois auparavant. Et où j'avais laissé un certain nombre de mes affaires d'ailleurs.

Au début, la souffrance et l'incompréhension étaient telles que je ne pouvais m'empêcher de lui téléphoner au milieu de la nuit, persuadée que notre séparation était un grand malentendu dont il allait rapidement mesurer l'absurdité. Je le voyais déjà débouler dans ma chambre d'hôtel en me disant qu'il venait de réaliser l'étendue de son erreur, me prendre dans ses bras et me ramener illico dans le lit conjugal où j'avais passé les trente dernières années.

Mais mes appels ne se terminaient jamais comme je l'aurais souhaité. Il commençait par se mettre en colère et me raccrocher au nez. « Sois un peu digne s'il te plaît ! Il serait temps que tu prennes ta vie en main. »

Je rappelais, puis rappelais, puis rappelais encore. Ensuite, je rédigeais une floppée de textos rageurs que j'envoyais en rafale. Mais il avait déjà coupé sa messagerie.

J'avais cru ainsi devenir folle plus d'une fois dans cette chambre d'hôtel, alors que mes cours recommençaient tôt le lendemain. Mes étudiants n'en avaient jamais rien su. Avant de partir bien trop tôt d'un stupide accident à vélo, ma mère m'avait appris que les autres n'ont pas à subir vos états d'âme. Mais j'avais souffert à en mourir, à me jeter par la fenêtre, à m'entailler les poignets dans le sens de la longueur pour bien charcuter les veines, à absorber les tubes de somnifères que je n'avais jamais eu à utiliser au cours de toute une vie de mère de famille, épuisée par le labeur domestique, un travail absorbant et trois enfants adorables, mais tuants.

Et puis les choses avaient fini par se tasser. Ne restait plus que l'insomnie de quatre heures du matin. Chaque fois, je me réveillais en sursaut, paniquée, triste, profondément seule. Je ne me rendormais qu'à l'aube. Mais je n'essayais plus de téléphoner. J'avais compris. « Digne », comme le voulait Marc ? Je ne sais pas. Résignée plutôt.

Et anéantie. C'est pour ça qu'en lisant le mail où Ferdinand me rangeait dans la catégorie des Besogneux, mon sang n'avait fait qu'un tour. Pas envie de dormir en campement avec mes étudiants, alors que je vivais dans un cauchemar.

Finalement, le capitaliste humaniste avait pris la décision qui s'imposait : suspendre l'apartheid. Dans l'avion, tout le monde serait traité de la même façon. Sur place, il faudrait bien répartir le groupe dans différents lieux car la capacité hôtelière de Timimoun était limitée, mais il allait veiller sur moi. Pas au point de m'envoyer avec les VIP dans leur bel hôtel, dont j'avais appris depuis qu'il avait été bâti aux temps glorieux de l'Algérie coloniale par un architecte de renom, mais je serais logée avec les journalistes. L'attachée de presse, Isabelle, m'annonça fièrement que nous allions partager la même chambre, une faveur après avoir failli déplier mon sac de couchage à côté de ceux de mes étudiants. Mick, lui, restait sur la touche – j'avais rajouté son nom sur la liste en prétextant ses grandes compétences en matière de logement social. Il logerait en campement avec les étudiants. Si jamais j'avais eu l'intention de renouer, surtout maintenant qu'il était divorcé comme moi, c'était râpé.

J'avais fait semblant de trouver la solution pile poil. Après tout, moi aussi j'avais envie de découvrir l'Algérie. Presque personne n'y mettait les pieds depuis les années de plomb qui y avaient transformé chaque étranger en cible potentielle. Attentats, enlèvements, exécutions, politique de terreur, le pays sortait de l'enfer. Aujourd'hui, le danger s'était déplacé : les touristes étaient désormais déconseillés en Mauritanie, au nord du Mali, au Niger, au Tchad, en Libye… des territoires classés en zones rouges sur le site du ministère des Affaires étrangères. Pour l'industrie du tourisme saharien, mise à mal par ces fermetures successives, l'Algérie revenait en grâce.

Ça tombait bien : après des décennies à traiter les Occidentaux d'indésirables intrus, détestant particulièrement les Français, ces anciens colons qui transformaient sans vergogne l'autochtone en larbin, le gouvernement algérien avait revu sa position et décidé de donner la priorité à ce tourisme pourvoyeur de devises, qui allait lui permettre d'alléger sa dépendance pétrolière. Évidemment Ferdinand avait sauté sur l'occasion. Fidèle à sa tactique qui consistait à poser des avions là où personne d'autre n'allait, ce qui lui permettait de négocier les droits d'atterrissage les plus modiques, il avait arraché aux autorités algériennes le droit d'acheminer des touristes à Timimoun, l'oasis rouge, en bordure du grand erg occidental. L'ancienne destination des tours sahariens, du temps où visiter l'Algérie faisait partie des musts de tout Européen bien né.

Ferdinand avait toujours agi ainsi. Dans les années 1980, sa compagnie aérienne m'avait valu des séjours inoubliables dans les pays les plus pourris. Quinze jours à manger de la viande boucanée et à se faire bouffer par des sangsues chez les pygmées – le raid s'appelait Délivrance, j'aurais dû me douter de quelque chose. Une découverte du nord du Mali où j'avais passé deux semaines au régime Vache qui rit-Fanta orange... Ferdinand, l'homme des régimes forcés en Afrique. Idéal pour perdre du poids.

Ses rivaux le qualifiaient de desperado du tourisme : Ferdinand sauvait des villes qui mouraient de leur isolement en y débarquant du jour au lendemain des charters entiers de touristes en quête de destinations nouvelles, suscitant une éclosion d'aubergistes, de guides, de chameliers, d'artisans qui, du coup, préféraient rester sur place plutôt que de tenter un exode meurtrier à travers le Sahara. Ferdinand savait toujours où il y avait de l'argent à faire. Sa première boîte avait été coulée par ses rivaux dans les années 1990. Il était reparti de zéro. Victoire l'avait embauché pour redresser la compagnie aérienne du Cameroun, en faillite. Il avait sauvé la compagnie et enlevé la femme, séduite par ce businessman aventurier. Pendant dix ans, Ferdinand avait travaillé en Afrique, avant de recréer sa propre entreprise, dont il avait osé installer le siège social au fin fond du Tarn, parce que c'était là qu'il s'était acheté une maison. Ferdinand avait donné la maison à Victoire, comme Marc l'avait fait avec moi lorsqu'il m'avait quittée. Les vrais séducteurs ont des semelles de vent. Les biens matériels les clouent au sol, les familles installées les plombent. Alors ils se montrent généreux, ce qui n'est qu'une façon déguisée de se donner les coudées franches. « J'ai acheté ma liberté », me serinait Marc chaque fois que je lui demandais comment il avait pu ainsi abandonner ses trois enfants et leur mère.

La coopérative aérienne de Ferdinand comptait désormais près de cent salariés. Elle envoyait chaque année des milliers de touristes français en Afrique de l'Ouest.

Ferdinand lui-même ne payait pas de mine, sauf lorsqu'il avait un rendez-vous important, surtout avec une femme. Il sortait alors sa plus belle chemise de soie noire et séduisait par son charisme, sa gentillesse, son humour. Sa formidable énergie aussi. Il avait fasciné mes étudiants en leur racontant son parcours. La plupart du temps, il se promenait en jeans, les cheveux en bataille, voyageait en classe éco et roulait dans une vieille voiture fabriquée en Roumanie, indifférent à l'image qu'il pouvait donner de lui-même. Ferdinand était parvenu à un tel stade de réussite qu'il estimait ne plus rien avoir à prouver. Mais il ne pouvait s'empêcher de se lancer sans cesse de nouveaux défis : rouvrir les pays fermés, comme la Mauritanie et à présent l'Algérie, envoyer avec beaucoup de générosité vingt étudiants découvrir un pays, transportés, logés et nourris, continuer de fumer comme un pompier en dépit des avertissements de la médecine…

Je le savais déjà, partir avec lui était une école de patience. Ferdinand estimait qu'il fallait laisser au vestiaire ses réflexes d'Occidental nanti quand on choisissait de voler sur sa compagnie. Accepter de poireauter des heures dans un aéroport le temps qu'arrive l'avion prévu, qui, de toute façon, avait déjà pris du retard au décollage. La rotation serait retardée, voilà tout. Il fallait en prendre son parti. Admettre l'inconfort et la frugalité, contrepartie de prix compressés au maximum.

Lui-même donnait toujours le sentiment d'accepter de bonne grâce les aléas du voyage. Comme cette opération de dégivrage de l'avion, qui nous immobilisait sur le tarmac depuis plus d'une heure. Les mauvais coucheurs étaient priés de remballer leurs critiques. Lui devisait en flânant d'un rang à l'autre, dans cet avion qu'il venait d'affréter spécialement pour notre voyage de presse. L'opération lui coûtait probablement une fortune sans qu'apparaisse sur son visage la moindre ombre de contrariété.

Bien sûr, il n'y avait pas grand-chose d'autre à faire qu'attendre : la neige recouvrait Roissy, bloquant non seulement les avions, mais aussi les routes et les trains. La plupart des compagnies avaient annulé leurs vols. Pas Ferdinand. Son appareil avait pris place au sein d'une longue file d'attente. Ce serait un miracle si nous parvenions à décoller.

Enfin, notre tour arriva. J'examinais par le hublot l'opération de dégivrage : un drôle de bras télescopique articulé envoyait de l'alcool sur les ailes de l'appareil, dirigé par un œil lumineux, comme si un robot était en train de nous examiner. Peut-être allions-nous nous écraser finalement. Je me demandais si Marc serait triste, s'il aurait des remords d'être parti ainsi, brutalement. Non, il ne me regretterait probablement pas, se disant que c'était le destin après tout, mektoub, et même que ça tombait bien, finalement, pile au moment où il s'engageait dans une nouvelle vie.

2

Fureur

Je n'aurais jamais cru que nous en arriverions là. L'heureuse élue portait un nom de princesse orientale. Shéhérazade. Comme dans *Les Mille et Une Nuits.* Un nom prédestiné apparemment. Et elle avait trouvé son prince charmant. Mon mari. Mais contrairement au conte, il n'avait pas l'intention de lui couper la tête au petit matin. Hélas.

J'étais allée voir sa photo sur Internet. Il suffisait de taper son nom. Elle avait son profil sur Facebook, comme toutes les gamines. Comme la moitié de la planète en réalité, excepté ceux, de plus en plus rares, qui refusaient d'étaler leur intimité à tous vents. J'avais essayé de mettre en garde mes enfants. Seule Anna, l'aînée, avait compris qu'elle s'exposait imprudemment. Mon fils et ma cadette… Allez empêcher des adolescents de se mettre en scène pour ce qu'ils croyaient être le cercle restreint de leurs amis ! Shéhérazade était exactement comme eux, une adolescente encore. Romain, mon fils, mon complice, lui avait demandé de faire partie de ses amis. Elle avait accepté, enthousiaste. Le fils de l'homme sur lequel elle avait jeté son dévolu, il était important de se le mettre dans la poche…

Anna et moi fûmes accablées. Elle s'exprimait comme une ado, à coups d'onomatopées et de formules toutes faites, d'expressions à la mode chez les jeunes. Romain employait les mêmes. Celles qui seraient périmées dans deux ans et dateraient furieusement l'époque. De mon temps, on disait « sensass », « boum », « formid ». Elle, elle utilisait « ça déchire », « trop bien », « cash ». Des formules que je commençais à retrouver dans la bouche de Marc, lui qui avait morigéné ses enfants pendant des années pour les obliger à s'exprimer correctement. Plus un certain nombre d'expressions arabes, puisque telle était sa culture. Musulmane, revendiquait-elle. Je ne savais pas que l'islam autorisait les gamines à coucher avec des hommes mariés, catholiques, plus âgés que leur propre père. Marc me confia qu'elle n'avait pas encore osé avouer sa liaison aux siens. « Elle risque d'être reniée par sa famille. » Il avait l'air fier et accablé à la fois. Pour un peu, il aurait fallu que je la plaigne, la pauvre petite chèvre de M. Seguin, qui avait rencontré le loup dans la montagne…

Et puis des photos d'elle, à n'en plus finir. Cinquante-quatre exactement. Plutôt narcissique, la belle. Car elle était belle, je devais bien l'admettre. Elle s'était prise en photos sous tous les angles, mais toujours de trois quarts : comme les adolescentes, elle avait ses détestations, se voir de face devait en faire partie. Elle fixait donc l'objectif de biais, les lèvres à demi entrouvertes, l'air à la fois mystérieux et aguicheur. Une gamine qui voulait jouer à la star, mais avec un regard de tueuse. Elle s'affichait aussi avec les célébrités qui avaient bien voulu poser à côté d'elle dans des circonstances qui restaient mystérieuses. Un humoriste manchot, un chef d'État réputé pour ses obsessions sexuelles, la belle ne faisait pas dans le détail : il suffisait d'être connu.

— Papa s'est trouvé une poupée gonflable, observa Anna.

Elle avait raison. Cette créature était un objet sexuel ambulant. Interminable chevelure noire de Barbie, du moins depuis que Mattel avait compris que le blond des princesses de conte de fée n'avait plus bonne presse dans un monde où les brunes tenaient démographiquement le haut du pavé. Je comprenais que mon mari ait été envoûté, lui qui avait toujours été porté sur les aventures exotiques. Shéhérazade affichait un visage étrange, à la fois oriental et arabe, qui était difficile à classer. Marc m'avait appris non sans fierté que sa mère était malaise et son père marocain. On aurait dit un gosse qui avait attrapé le pompon au manège. Il n'arrêtait pas de parler d'elle. Y compris à nos enfants.

Anna prévint son père de ne pas compter sur elle pour adresser une seule fois la parole à la poupée. Marc réagit en demandant à Shéhérazade de fermer immédiatement son profil sur Internet.

Les enfants en voulaient terriblement à leur père. Ses infidélités, ils avaient essayé d'en faire abstraction : du moment que Marc s'acquittait avec dévouement de sa fonction paternelle, ils déploraient le reste, mais ne se sentaient pas vraiment concernés. En tombant amoureux de cette fille, il niait toutes les valeurs qu'il leur avait enseignées. Le goût de l'étude et du travail, la loyauté, le refus des paillettes et de l'esbroufe : Shéhérazade n'avait que deux ans de plus qu'Anna mais elle ne faisait rien de ses journées, sinon du shopping aux frais de sa famille. Pour la forme – et probablement pour légitimer ses séjours en Europe, où les boutiques étaient mieux achalandées qu'à Rabat –, elle s'était inscrite dans une coûteuse école de communication – ou d'art, nous n'avions pas bien compris. Ses riches parents finançaient ses études pour lui donner une occupation sociale en attendant de la marier.

Ils avaient pleinement atteint leur but, mais l'homme que la belle leur avait ramené ne correspondait pas exactement à l'idée qu'ils se faisaient d'un bon parti. Marc l'avait rencontrée grâce à son école. Elle faisait son stage dans une boîte de pub. Immédiatement captivé par son immense talent, il lui avait demandé de l'aider à monter l'anniversaire des dix ans de son entreprise. Mon mari et la demoiselle s'étaient trouvé un alibi en or pour multiplier les séances de travail. Elle l'avait immédiatement mis en garde : personne ne devait rien savoir de leur relation car son honneur était en jeu. Sur le marché matrimonial de son pays, il lui fallait rester intacte pour ne pas se démonétiser. À moins qu'il ne l'épouse évidemment. Auquel cas, tout était possible sans attendre les noces. Simplement, il s'engageait.

Et mon faible mari, fasciné par la créature, avait acquiescé. Il était marié ? Qu'à cela ne tienne. Son couple battait de l'aile et sa femme envisageait de le quitter. Il fallait d'urgence le consoler de cette infortune profonde qui l'affectait tant, à cause de ses enfants adorés.

Au début, je n'avais rien su de l'affaire. Les épouses ne savent jamais rien dans ces cas-là. Je voyais juste Marc changer au fil des semaines. À ma grande stupéfaction, il commençait à gonfler du jabot, paradant comme un coq. « C'est incroyable ce que je plais. » Mais quand je lui posais des questions précises, il se dérobait toujours. Obstinément. Il n'était pas encore totalement sûr de l'amour de la belle. M'informer, c'était déclencher la guerre. Il voulait d'abord verrouiller ses positions.

L'engrenage qui le poussait vers la sortie était enclenché, inéluctable. J'assistai au processus avec une curiosité presque scientifique, tant Marc observait scrupuleusement toutes les étapes décrites dans le premier roman venu. Malheureusement, Marc ne lisait jamais de romans, il pouvait donc tomber dans tous les clichés.

Il devenait de plus en plus secret. Jamais rien à raconter. Un emploi du temps mystérieux, pointillé d'accès de bonne humeur inexplicable. Et de coups de colère tout aussi subits qu'injustifiés. Nous vivions sans les connaître au rythme des humeurs de la belle. Ou de ses inquiétudes quant à sa capacité à la ferrer.

Le jour où sa relation avec Shéhérazade fut enfin suffisamment solide pour supporter l'épreuve de la révélation, il abattit son jeu. Les enfants et moi fûmes mis devant le fait accompli. Ce que nous pouvions ressentir ? Il n'en avait cure. « J'ai envie d'être heureux. Pas une seule fois, je ne l'ai été au cours des trente ans que nous avons passés ensemble. » Le coup de poignard qui vous transperce les reins, inattendu, imprévisible, brutal. Pour justifier son choix, Marc était prêt à renier notre vie.

Pourtant, il continuait à se comporter en bon père de famille, passant les week-ends à la maison comme si de rien n'était, l'air plus heureux que jamais. Mais le soir venu, il courait retrouver sa Shéhérazade et plus rien ne pouvait le retenir.

— Comment peux-tu nous infliger cela ? Pars, si tu as fait ton choix.

J'ai dû l'enjoindre ainsi des dizaines de fois. Mais il ne voulait surtout pas choisir. Il voulait tout avoir. La famille d'un côté, l'euphorie des sens de l'autre. Il voulait être polygame et que personne n'y trouve rien à redire.

Nous avons connu ainsi des mois d'incertitude, d'allées et venues, de déclarations définitives dans tous les sens. « Je pars. » « Je ne pars pas. » « Je t'aime. » « Je ne peux pas me passer d'elle. » Épuisant, humiliant, rageant. Les enfants n'en pouvaient plus. Moi, j'étais en colère, je commençais à le haïr, à mûrir des désirs de vengeance. La famille était en train d'exploser parce que celui qui en avait représenté le pilier pendant tant d'années était tombé dans un piège tellement banal qu'il avait son petit nom, presque attendrissant : démon de midi. Pendant des années, Marc et moi nous étions gaussés des hommes âgés qui, dans notre entourage, plaquaient leur famille du jour au lendemain pour une jeunesse. Il les trouvait pitoyables, irresponsables. Ridicules vraiment, avec leur gamine.

Mais le démon de midi n'avait rien d'attendrissant : comme un virus mortel, il frappait là où on ne l'attendait pas et ses capacités de destruction se révélaient foudroyantes. Nous en voulions à Marc de le découvrir si bête et si fragile. Si prévisible.

Très vite, l'intime ne lui suffit plus : la conquête ne serait complète que lorsqu'il pourrait l'exhiber. Shéhérazade était devenue la femme trophée, symbole de sa puissance virile. Il lui fallait partager son bonheur trop grand avec la terre entière. Même moi, je fus invitée à admirer sa beauté, sa grande gentillesse, son extrême talent. Marc m'avait sortie de la case épouse pour me glisser dans celle de la vieille copine, avec qui on pouvait épancher son cœur en toute confiance. Je le connaissais si bien. Il ne voulait pas se priver de notre complicité, non. Juste changer de registre. Unilatéralement. Ce que je pouvais ressentir ? Peu importe. « Toi aussi, tu devrais refaire ta vie, ma chérie. »

Il était déjà ailleurs, sous influence. Possédé. « En pleine pulsion testiculaire », résumait Anna. Fier comme un jeune mâle qu'une si belle femme soit folle de lui. Et Shéhérazade était vraiment folle de lui. Quand Marc et moi étions encore ensemble, elle n'arrêtait pas de laisser des messages sur son portable. Des déclarations d'amour torrides. Évidemment, je n'avais pas le droit de m'en approcher. En l'espace de quelques mois, le téléphone de mon mari était devenu secret défense. Même pour aller pisser, il le coupait. Ou bien il l'emportait avec lui. Je m'étais relevée plusieurs fois la nuit pour aller vérifier. Toujours éteint. Jamais pris en défaut, l'animal. S'il avait pu être aussi consciencieux pour tout le reste… se taper les déclarations d'impôt et la paperasserie, gérer la petite entreprise qu'était une famille avec trois enfants. Tenir ses promesses. Toute ma vie, je n'avais eu qu'une peur : me retrouver seule à cinquante ans. Je les avais trop vues, les épouses abandonnées parce que le démon de midi avait frappé dans leur foyer, anéanties par la souffrance. Plusieurs fois au cours de nos trente ans de vie commune, j'avais failli le quitter : j'étais jeune, je plaisais, ses coups de colère, ses infidélités aussi, que je subodorais sans parvenir à le coincer, me donnaient parfois envie de prendre le large. Peut-être reconstruire ailleurs, avec un homme plus présent, plus respectueux, plus gentil. Mais non, j'aimais trop notre famille. Après une décennie de fidélité choisie, j'avais fini par tomber amoureuse de Mick, tout en le cantonnant à une sphère suffisamment limitée pour que mes enfants n'en pâtissent jamais. Et puis, malgré ses absences, ses mensonges, son goût de l'ascension sociale qui le conduisait à préférer n'importe quel rendez-vous important à sa vie familiale, Marc était tellement catégorique, toujours : « Je ne te quitterai jamais, ma chérie. »

Sa défection tardive me renvoyait en pleine face mes propres démons, cette angoisse profonde de la solitude qui m'avait poussée vers lui à dix-huit ans, comme s'il allait m'arracher à l'abîme. Qui m'avait fait tenir bon dans ce couple brandi contre vents et marées, pour bâtir ce foyer dont je croyais encore que rien ne pourrait le détruire.

J'avais opté pour une fausse complicité, espérant lui tirer les vers du nez.

— Mais elle est tombée amoureuse de toi tout de suite ?

Évidemment. À l'entendre, elle avait été conquise dès qu'elle l'avait vu. Un paon. J'avais du mal à y croire. Non que Marc ne soit pas séduisant pour un quinquagénaire. Mais je me souvenais de mes vingt ans : les hommes de quarante ans auraient pu me séduire. Ceux de cinquante, jamais. Je les trouvais vraiment trop vieux, à l'époque. Dans les contes de fée, les crapauds se transformaient en princes ; dans la vie réelle, les princes avaient tendance à se transformer en crapauds. Shéhérazade avait directement opté pour le crapaud.

Que cherchait-elle ? Pas la fortune en tout cas. Les siens étaient si riches que Marc ne pouvait rivaliser. Lorsque j'avais entamé la procédure de divorce parce que je n'en pouvais plus d'être humiliée par sa liaison, il était tellement culpabilisé qu'il m'avait tout laissé. Pour protéger ses enfants, puisqu'il allait leur donner des frères et sœurs. Encore quelque chose que j'avais découvert sur son profil électronique : Shéhérazade revendiquait son appartenance au « groupe de celles qui voulaient un enfant sans avoir trouvé encore le bon partenaire ». Marc avait déjà apporté la preuve de sa capacité procréatrice, il ferait l'affaire.

Travaillé au corps de l'autre côté, il commençait à évoquer une nouvelle progéniture, lui qui avait toujours placé nos trois petits plus haut que tout, au panthéon de ses sacrifices autoproclamés. « Je mourrais pour mes enfants ! », la déclaration qui engage nettement moins que de recouvrir leurs livres d'école et de les amener au centre équestre.

Nous n'en revenions pas. Lui ? D'autres enfants ? Mais c'était impossible ! Lorsque Anna était née, il avait déclaré que c'était le plus beau jour de sa vie, me remisant immédiatement au rang de génitrice, suffisamment efficace pour être incitée à renouveler deux fois la performance. Ce à quoi je m'étais employée avec application, bénissant la bonne fortune qui me permettait de tomber enceinte sans avoir à multiplier les tentatives : pour Marc, élevé en Afrique du Nord comme Shéhérazade, j'avais changé de statut dès ma première grossesse, devenant la Mère. Intouchable. Il me « respectait trop ». Et allait discrètement voir ailleurs.

Pourtant, je n'avais jamais regretté de l'avoir choisi pour père de mes enfants : sur ce plan-là, il n'avait jamais failli, parfait quoique trop absent, comme le sont souvent les pères. Concrètement, c'était moi qui les élevais, mais il était toujours fidèle au poste quand il le fallait. Ses trois enfants, proclamait-il, il aurait donné sa vie pour eux. Et il allait les lâcher pour une seconde famille ?

Certes, Anna et Romain étaient grands maintenant. Je voyais approcher le moment où la vie les éloignerait de moi, parce qu'ils bâtiraient la leur, selon un processus aussi inévitable que nécessaire. Mais Fanny, la plus jeune, n'avait pas encore quitté le collège. Elle ne comprenait pas.

— Dis-moi, papa, ce n'est pas vrai que tu vas avoir d'autres enfants ?

— Je ne sais pas, ma chérie, mais rassure-toi, si ça arrivait, ceux-là, je ne m'en occuperais pas. Vous serez toujours les seuls à compter à mes yeux.

Fanny avait réagi comme s'il l'avait frappée :

— Comment peux-tu dire une chose pareille, papa ? Comment peut-on ne pas aimer ses enfants ?

Marc venait de lui montrer que même eux pouvaient devenir une option.

Se rendant compte de son erreur, il se ravisa, maladroitement. En gros, l'hypothèse d'une seconde portée restait purement théorique. Fanny ne lâchait pas prise. Mais alors, pourquoi abordait-il de tels sujets ? Il s'en tira par une pirouette, mettant fin à leur dialogue sans vraiment répondre sur le fond. J'avais de la peine pour Fanny, qui comprenait à son tour combien son père était devenu friable.

Femme avertie en vaut deux. Après cette conversation, j'allai immédiatement voir notre notaire, une femme de mon âge que j'aimais bien. Elle m'expliqua que tous les enfants avaient aujourd'hui les mêmes droits, qu'ils soient nés au sein d'un mariage ou pas. Voilà pourquoi on s'obstinait à aller déterrer certains cadavres : faire parler génétiquement les morts permettait de revendiquer les héritages… Elle m'apprit même que pour écarter le risque de revendications posthumes, certains riches séducteurs n'hésitaient pas, une fois leur descendance engendrée, à se faire vasectomiser. Les filles essayèrent de convaincre leur père, puisqu'il voulait absolument vivre avec cette fille, d'en passer par là. Il refusa catégoriquement, plus par peur de l'opération, en réalité, que par principe : si la castration avait amoindri ses capacités viriles, quelle catastrophe !

Il était évident que Shéhérazade allait asseoir le plus rapidement possible son emprise par un procédé qui avait fait ses preuves depuis la nuit des temps. Mes enfants vivaient le revirement de Marc comme une insupportable trahison. Qu'ils doivent en outre indemniser à l'avenir cette nouvelle famille s'ils voulaient continuer à vivre dans la maison où ils avaient grandi, la maison que Marc et moi avions construite ensemble, pierre après pierre, les terrifiait. « Agis, maman, et vite », m'enjoignit Anna.

Il n'y eut pas grand-chose à faire. Marc était prêt à tout pour pouvoir vivre son histoire d'amour en paix. La notaire me conseilla une de ses amies, avocate. Je n'arrivais pas à me résoudre à prendre rendez-vous. Mettre fin à notre mariage. À trente ans de vie commune. Je me disais que, peut-être, la fille ne serait qu'une passade, comme les autres.

Mais non, cette liaison-là n'en finissait pas. Et Marc envisageait vraiment de refaire sa vie. Refaire sa vie ! Mais qu'est-ce que ça voulait dire ? Elle était faite, sa vie ! Il avait cinquante et un ans, une famille, trois enfants. Moi. Il allait refaire quoi ? D'accord, il était en plein démon de midi, comme tous ses amis riches et puissants. Mais une gamine qui n'avait même pas la moitié de son âge ! Une gamine à peine plus âgée que notre fille aînée ! La colère d'Anna ne retombait pas. Elle avait été l'enfant choyée, la première née. Son père avait passé des nuits entières à la bercer. À six mois, il l'emmenait visiter Rome. À quatre ans, il essayait d'en faire une championne de tennis. Mais comme moi, Anna préférait les chevaux, et Fanny aussi. Sans que je ne leur impose mes goûts, mes deux filles avaient épousé mes passions. Quand Fanny était née, Marc avait déjà compris et il donnait ses samedis à son fils adoré, futur champion de foot, il en était certain, passant des heures au bord du stade à encourager notre petit blondinet. Nos trois enfants avaient hissé leur père sur un piédestal. C'était lui qui dictait le climat de la famille, celui dont les choix avaient valeur d'oracles. Il n'avait pas le droit d'en descendre.

Mais en grandissant, les yeux des enfants se dessillaient. Ils commençaient à jauger les failles de leur père, à ne plus supporter qu'il se comporte en deus ex machina. Ils questionnaient, critiquaient parfois, osaient prendre mon parti contre le sien lorsque ses mensonges leur apparaissaient trop flagrants. Marc ne supportait pas de descendre de ce piédestal. Il ne supportait pas que ses enfants puissent porter sur lui un regard critique. Il voulait rester leur dieu. Mais Anna désapprouvait certains des choix professionnels de son père, lui reprochant son arrivisme. Et c'était vrai : en vieillissant, Marc commençait à préférer le pouvoir aux principes. Il voulait désormais régner sans partage.

Que sa fille ait un petit ami, présence masculine qui faisait contrepoids à l'influence jusque-là décisive de son père, lui était insupportable. Romain aussi se révélait de plus en plus indépendant. Il voulait vivre sa vie et en avait assez du foot, qu'il jugeait trop absorbant, maintenant que son club montait en grade. Et il amenait à la maison de ravissantes copines, qui renvoyaient Marc à son propre déclin. Même Fanny cessait peu à peu d'être une enfant tout acquise. Trois adolescents vivaient désormais à la maison, passant leurs parents au crible d'une acerbe lucidité. Nos enfants n'avaient pas cessé de nous aimer, mais ils avaient acquis leur propre capacité de jugement. Marc refusait ce qu'il vivait comme un déclassement. Il voulait rester jeune. Il voulait autour de lui, comme par le passé, des personnalités faibles et acquises, qui l'admiraient et dépendaient de lui. Shéhérazade était arrivée au bon moment.

Lorsque son existence nous fut enfin connue, Marc laissa libre cours à sa fascination, ne perdant pas une occasion de ramener le sujet à elle. La maison de sa grand-mère à Agadir, sur la plage, sa peau si blanche que c'en était surprenant. Elle était liée au roi. Une famille richissime. Dans la fascination de Marc, je me demandais quelle était la part de cet argent qui coulait à flot. Des villas au bord de la mer, des domestiques à foison, des yachts à partir desquels on pouvait sillonner les flots en jet ski... Marc se comportait comme un adolescent qu'on autorise enfin à s'acheter les vêtements de marque et le dernier gadget électronique dont il a toujours rêvé. Tout se passait comme si Shéhérazade déteignait peu à peu sur lui.

Je l'observais. Depuis qu'il avait rencontré sa belle, il avait changé. Il s'habillait désormais en noir, tee-shirts moulants et pulls en cachemire au petit col montant, qui cachait si bien la peau flétrie du cou. Ou bien, au contraire, polos crocodiles de couleur acidulée, qu'il portait directement sous sa veste. Le nouveau look des séducteurs sur le retour. L'avion en était farci. Je les imaginais pour la plupart fraîchement divorcés, profitant de ce voyage de presse pour aérer leur deuxième mariage.

Je savais désormais que lorsque votre mari commence à se vêtir branché, quand il se remet à la musculation, fait un régime et passe son temps à vérifier son apparence dans la glace en rentrant le ventre, tout en vous regardant comme une bouse de vache, exaspéré à l'idée même de vous adresser la parole, votre compte est bon. Vous pouvez dire adieu à votre mariage.

Je m'en étais toujours doutée : avant Shéhérazade, il y avait eu d'autres femmes. Un chef d'entreprise en vue… Le pouvoir, l'autorité, c'était irrésistible dans le monde actuel. Et puis, difficile d'être bernée quand on partage la vie de quelqu'un depuis la fac ! Je me sentais environnée de présences féminines invisibles, qui tissaient avec mon mari dans mon dos des complicités dégradantes. Le découvrir si fuyant me mettait en colère. Je devenais inquisitrice, irritable. Mes enfants me tournaient en dérision : « Arrête tes bêtises, maman ! Arrête de soupçonner papa ! »

Maintenant que je parvenais à lui extirper une à une toutes les confidences sur le passé – comme si elles n'avaient plus d'importance à ses yeux, puisque nous étions divorcés –, je constatais rétrospectivement que chacune de mes colères était justifiée. Incroyable, toutes celles avec qui il avait réussi à coucher ! Je ne le voyais pas si séduisant… Et là sans doute résidait mon tort : je n'avais pas fait suffisamment attention à lui.

Ses maîtresses présentaient toutes le même profil : la trentaine, célibataires, avec ou sans enfant. Prêtes à s'installer avec lui car l'horloge biologique tournait. Peur de vieillir seules. À chacune d'entre elles, il avait opposé l'amour exclusif et intransigeant qu'il vouait à son épouse, leur affirmant qu'il ne me quitterait jamais. Pratique d'être marié dans ces cas-là… On peut coucher sans s'engager. J'avais été le super alibi. Jusqu'à ce qu'il tombe sur la candidate idéale.

Il me l'avait avoué avec candeur. « J'ai coché les cases. Elle les remplit toutes. » Il pouvait larguer les amarres. Ses enfants ? Ils étaient grands. Moi ? Je ne l'aimais plus assez. Et puis j'étais autonome de toute façon. Mais il m'assurait de son affection éternelle… J'étais rétrogradée dans le deuxième cercle, celui des proches qui bénéficiaient de son attachement distant. Mes états d'âme n'existaient plus. Il paradait sans pudeur ni tact, tout à son nouvel amour.

À l'entendre, le premier atout de Shéhérazade était sa jeunesse. « À mon âge, j'ai l'impression d'avoir touché le gros lot. » Il avait trouvé son retardateur chronologique. L'écart d'âge qui le séparait de sa gamine le fascinait tout en le culpabilisant. Il attendait presque de moi que je le rassure. Je n'en revenais pas. Réalisait-il que lorsque Anna était née, Shéhérazade n'était même pas encore entrée en maternelle ? Il nous montrait fièrement les mots doux qu'elle lui adressait, tout attendri par ses formules d'un romantisme échevelé, là où je ne voyais qu'une syntaxe approximative. Shéhérazade était prête à tous les débordements lyriques. Voilà qu'elle voulait donner ses yeux pour lui. Il ne lui en demandait pas tant, mais le reste, oui.

J'imaginais combien la mère de la gamine avait dû être heureuse de découvrir que sa fille avait jeté son dévolu sur un homme de son âge. Et son père, à qui sa fille exprimait par ce choix d'un père de substitution à quel point elle ne l'avait pas trouvé à la hauteur ! Marc et moi avions attendu d'avoir trente ans pour procréer. Nous voulions parcourir le monde, assurer notre situation matérielle. Profiter de notre couple aussi, savourer la vie avec la personne que nous avions choisie, étudiants... Aujourd'hui, j'essayais de me consoler en pensant que c'était autant de pris : les années que j'avais passées avec Marc dans l'insouciance des couples sans enfants allaient compenser celles que je ne vivrais pas avec lui, lorsque les enfants quitteraient la maison.

Mais son départ me laissait asphyxiée par la douleur et l'incrédulité.

« Comment peux-tu partir, m'abandonner, alors que nous avons tant galéré ensemble ? Alors que les meilleures années nous attendent enfin ? » Je n'arrivais pas à y croire. Comment pouvait-il renier toutes les valeurs qu'il avait défendues avec tant d'acharnement pendant si longtemps ?

Je me heurtais à un mur d'indifférence et de mauvaise foi. De cynisme même. « Il me fallait une femme intelligente pour élever mes enfants. Pour le second mariage, cela n'a plus aucune importance. Au cours du quart de siècle qui me reste à vivre, j'accepte de mener une existence décérébrée. Et même, je le revendique. » Sympa.

« Nous avons juste été le premier étage de la fusée », constatait tristement Anna. « Maintenant que papa se croit au firmament, il n'a plus besoin de nous. »

Non, c'est précisément parce qu'il n'était plus au firmament que Marc se cherchait une nouvelle étoile. Il était devenu indifférent à tout ce qui n'était pas lui. Ma souffrance le laissait de marbre. Et de la belle, il n'attendait visiblement rien d'autre qu'un dévouement exclusif à sa haute personne. Si : il la voulait mince et élégante. Les femmes trophées se devaient d'être conformes à leur statut. Shéhérazade s'était donc inscrite dans une salle de sport, dont elle sortait chaque fois pour se précipiter dans la première pâtisserie venue. Marc s'était mis en colère et elle avait obtempéré. Elle pouvait désormais rentrer dans sa robe de mariée. J'avais été moins persévérante qu'elle au cours de ma longue vie conjugale, mais il me fallait tout mener de front aussi, les enfants, le métier, les tâches domestiques. La course permanente qu'avait représentée ma vie me laissait épuisée.

Les enfants avaient insisté pour que je parte pour l'Algérie. « Ça te fera du bien, maman, tu as besoin de repos. Ne t'inquiète pas pour nous, on gère. »

Et voilà, j'étais dans cet avion. Marc, lui, je ne savais plus où il était. Probablement avec sa belle, tout à son bonheur tout neuf, en train de préparer ses secondes noces, dont j'avais tout fait jusque-là pour retarder l'échéance, bien que je sache que la partie était perdue d'avance. Il avait coché les cases. Comment se battre contre des cases ?

« J'aime cette culture. » C'était la deuxième. Marc retrouvait en Shéhérazade cette part d'enfance qui ressurgit en vous quand s'accumulent les années. Les orangers, les épices, le soleil. La nostalgie des jours envolés.

Moi, j'avais grandi dans le froid, la pluie, les horizons interminables et dénudés des plaines du Nord. Précisément ce qui l'avait attiré à vingt ans. Je tranchais sur les copines brunes et bronzées qu'il se tapait à la chaîne. Aujourd'hui, il en retrouvait une, identique. Comme si les années n'avaient pas eu de prise. Comme s'il était redevenu l'étudiant surfeur qui terminait ses soirées en boîte de nuit avec de belles Orientales aux vêtements étudiés, chatoyantes de tissus brillants, de vernis à ongles laqués et de créoles dorées. Comment rivaliser avec ça, moi qui étais désespérément pâle au point qu'on ne voyait même pas mes sourcils, moi que le soleil laminait ?

Troisième case : elle l'admirait. Éperdument. Il avait eu raison de la préférer à moi : j'étais plus circonspecte à son égard. En trente ans, j'avais eu le temps de faire le tour de l'animal. Elle non. Elle le regardait avec ses grands yeux de biche, fascinée. Et il adorait ça.

— Si tu savais comme elle est gentille ! C'est la douceur incarnée.

J'avais quelques doutes, mais peut-être disait-il vrai, après tout. Moi, je n'avais pas été à la hauteur, pas suffisamment gentille, douce, accommodante.

Je m'étais battue pour tout mener de front et ça m'avait rendue impatiente, nerveuse souvent. Il fallait que je change de ce côté-là aussi.

— Alors tu lui seras fidèle, à elle ?

— Penses-tu ! De toute façon, elle gobera tout ce que je lui raconterai. Elle n'a pas de malice.

Sous entendu : « elle ».

J'essayais de ne pas laisser éclater ma rage. Choix judicieux car il m'apprit qu'il menait toujours d'autres histoires en parallèle. Même Shéhérazade, il ne la jugeait pas digne d'exclusivité ! Les trentenaires, furieuses qu'il ait jeté son dévolu sur une gamine, n'avaient pas lâché l'affaire. Pour leur faire croire qu'elles restaient toujours aussi proches de lui, il se moquait avec elles de la petite, distillant des confidences mesurées.

Je réalisais qu'il avait toujours agi ainsi, recherchant la compagnie des femmes, incapable de ne pas s'entourer d'un aréopage féminin, à commencer par sa secrétaire, confite en admiration pour lui au point de couvrir ses infidélités, me mentant effrontément chaque fois que j'appelais au bureau pour savoir où était mon mari. Elle aussi, il lui avait laissé entrevoir que peut-être… La pauvre avait mis sa vie entre parenthèses pour s'occuper de lui. Marc avait toujours agi ainsi, achetant le silence et le dévouement de ses anciennes maîtresses par des promotions dont elles n'auraient jamais rêvé. Mon mari était le roi de la discrimination positive dès lors qu'il s'agissait de jeunes femmes bien disposées.

Quatrième case : elle était follement amoureuse. « Surtout depuis que nous avons couché ensemble », ricanait-il avec des airs de mauvais garçon. Comme ces gamins tenus trop serrés, qui multiplient les quatre cents coups dès qu'on leur lâche la bride, la belle avait découvert que le sexe existait. Et toute au plaisir de ses sens, elle s'imaginait l'aimer. Fier de son acquisition, Marc l'exhibait à qui voulait bien l'admirer. Il l'embrassait en public, s'affichait dans les dîners avec sa poupée qui ne disait pas non.

— Il faudrait qu'il arrête de mettre sa bite sur la table, s'emportait Anna.

Elle n'en pouvait plus de l'indécente exposition. Son père s'était trouvé un doudou qui le suivait docilement partout où il allait. La petite avait l'habitude : c'était l'éducation qu'elle avait reçue. Imposer cet époux qui choquait sa famille était finalement sa première manifestation d'indépendance.

Et nous avions divorcé. En un tournemain, Marc avait changé de vie.

Juste après notre séparation, il réussit à convaincre Romain et Fanny de passer quelques jours avec lui au Maroc. À l'époque pourtant, sa liaison n'était pas encore officielle : la famille n'aurait pas supporté. Il présenta à nos enfants ces vacances marocaines sous le jour le plus enchanteur.

Une maison au bord de la mer, des balades à cheval sur la plage, les souks, le soleil. Face à moi, qu'il laissait sur le carreau, il essaya de limiter les dégâts, avec une délicatesse bien superflue au regard des mois passés. « Nous ne logerons pas dans la même maison, tu penses bien. Ses parents ne plaisantent pas avec l'honneur de leur fille. » Comme si la Méditerranée avait arrêté la rumeur alors qu'en France, nul n'ignorait la bonne fortune du grand patron.

En réalité, et c'est Fanny qui me l'apprit car elle avait le sommeil léger, la demoiselle fit le mur toutes les nuits, se glissant dans la nuit hors de la maison de ses parents pour retrouver son amoureux. Elle ne quitta pas Marc d'une semelle, serinant à mes enfants combien il était nécessaire qu'un mari soit beaucoup plus âgé que son épouse, pour mieux la protéger. Sans même réaliser à quel point la prétendue protection venait de faillir.

La famille devait se douter que tout était déjà consommé, mais elle préférait sauvegarder les apparences. Shéhérazade était leur perle, celle pour laquelle ils nourrissaient les plus grandes espérances. Romain et Fanny furent donc accueillis avec une générosité chaleureuse, qui ne les empêcha pas d'observer en douce Marc dans son rôle de père. S'ils furent rassurés sur ce point – les enfants étaient réussis, intelligents et bien élevés –, ils n'étaient pas dupes de la vraie nature du prince charmant qui, en outre, hésitait à se convertir. Après son départ, les bons partis défilèrent dans la maison familiale tout l'été. Shéhérazade les refusa en bloc.

Mes enfants rentrèrent de leur séjour atterrés. « Son vernis à ongles la préoccupe beaucoup », résuma Fanny. Romain était plus catégorique encore. « C'est la pure fashion victim. Si elle pouvait se faire tatouer deux "C" partout sur le corps, je crois qu'elle le ferait. » Être associés malgré eux à cette idylle les avait blessés. Ils annoncèrent à leur père qu'ils ne retourneraient jamais au Maroc. À leur grande sœur, ils confièrent ce qu'ils n'avaient pas osé me dire. Fanny lui avait rapporté un magazine féminin publié sur place. « Toutes les recettes pour se faire épouser en trente jours », titrait-il. Shéhérazade avait dû les appliquer à la lettre : quelques jours plus tard, Marc nous expliqua qu'il devait l'épouser au plus vite car elle était enceinte. Un enfant hors mariage dans son pays, c'était l'infamie, la mort sociale. La peur de la famille et du qu'en-dira-t-on semblait à géométrie variable. Nous nous retrouvâmes tous à attendre les règles de la belle. Shéhérazade, elle, trompait son angoisse en dévalisant les boutiques de luxe. Jusqu'à ce qu'elle se résolve à pousser la porte d'un laboratoire, choisi le plus loin possible de chez elle. Toujours ce souci de ne pas affronter l'opprobre.

Le test était négatif. J'étais exaspérée.

— Mais comment peux-tu être aussi bête ?

Marc n'était pas bête, il était conquis. Consentant. Ravi. Soumis. Comme tous les amoureux ébaudis, mon mari avait perdu tout sens critique. Il trouvait à sa jeune conquête toutes les qualités.

— Bien sûr, elle n'a pas à proprement parler une véritable culture. Mais elle a cette intelligence sociale des filles que leurs parents ont beaucoup fait voyager.

Dans ma tête, j'avais tout de suite traduit : c'est une gamine trop gâtée, qui avance dans la vie toute à sa stratégie maritale, sans même prendre conscience des dégâts qu'elle provoque sur son passage.

Ce que nous pensions de Shéhérazade n'intéressait pas Marc. Rétrospectivement, je me dis qu'il avait décidé de partir le jour où son fils avait amené à la maison sa première copine. Peu importait la vraie nature de sa poupée, ses jeunes seins parlaient pour elle.

Moi, j'allais avoir cinquante ans, mon ticket n'était plus valable. La créature avait un corps ferme et souple dont Marc se fichait que, comme l'indiquaient ses bonnes fesses déjà un peu écroulées et ses chevilles épaisses – Romain s'était fait un plaisir de détailler l'affaire et j'avais scruté à n'en plus finir les photos de vacances –, il soit inéluctablement condamné à grossir, tel le gilet de sauvetage que le steward était en train de nous présenter dans l'avion : il suffirait de tirer sur les deux cordons qui s'appelaient maternité et sédentarité.

Comme toutes les femmes qui s'imaginent qu'en discréditant leur rivale, elles vont récupérer celui qui s'est enfui, je m'acharnais sur Shéhérazade, pointant sa disgrâce imaginaire, me vautrant dans ses prétendus défauts.

Loin de l'atteindre, ma jalousie flattait Marc. Il riait de bon cœur à mes emportements comme à de bons mots et s'amusait à leur répondre point par point, par pur plaisir de l'argutie, quand je souffrais mille morts : « Je veux bien croire qu'elle sera moins bien que toi quand elle aura ton âge, mais je m'en fiche complètement : je serai mort de toute façon. »

La colère, les moqueries, les insultes, les crises, les plaintes, les supplications même, rien ne pouvait faire dévier Marc de sa trajectoire : puisque Shéhérazade faisait du mariage une condition impérative pour profiter de son jeune corps, il saurait répondre à son attente. Il fallait juste, d'abord, neutraliser les deux familles. Celle dont il était toujours encombré et celle qui essayait encore de résister. La belle entretenait sa flamme avec une science consommée dont j'ignorais tout, si ce n'est qu'elle se révélait irrésistible.

3

Humiliation

Le dégivrage était enfin terminé. L'avion allait pouvoir décoller. J'attendais avec impatience de découvrir l'Algérie, de faire la connaissance du groupe avec lequel je partais. Ceux que j'avais entrevus à l'aéroport m'avaient paru sympathiques, attachants. J'avais besoin de sortir de la nasse de souffrance dans laquelle je m'étais enfermée. Mes enfants, mes proches, ne cessaient de me seriner qu'il fallait que je me divertisse, que je rencontre d'autres personnes, pour sortir de ce piège mortel dont je ne voyais plus l'issue.

« Tu vas voir, maman, tu vas rencontrer un beau touareg dans le désert », plaisantait Anna. Oui, comme la grand-mère de Marc, qui s'était entichée d'un homme bleu et avait passé le reste de sa vie à publier des odes au Sahara, malgré une chute de chameau qui l'avait laissée à moitié grabataire. J'allais battre Marc sur son terrain en me dégotant un copain plus jeune, plus sexy et plus arabe que sa Shéhérazade.

— Le petit déjeuner, madame.

Celui qui tendait un plateau vers moi arborait un badge où figurait étrangement la mention « stagiaire ». Un aspirant steward ? En scrutant les autres membres d'équipage, je découvris qu'ils portaient tous le même. Pour son premier vol algérien, Ferdinand avait-il affrété un avion école ? Il en était bien capable. Drôle d'impression de servir de cobaye…

Je n'étais pas la seule à m'en inquiéter. Des conciliabules agitaient les travées. Pour mettre fin à l'inquiétante rumeur, le chef de cabine nous expliqua finalement que nous voyagions sur une compagnie australienne qui venait juste d'obtenir l'autorisation de voler en France. La réglementation voulait que le personnel de bord exécutât une période de probation. Les militaires algériens qui possédaient jusque-là le monopole de la plupart des destinations du pays avaient-ils glissé parmi l'équipage des kamikazes chargés de faire capoter la nouvelle liaison aérienne ?

Les stagiaires avaient plutôt l'air de bons bougres. Face au retard accumulé, ils avaient décidé de mettre les bouchées doubles. À peine les plateaux du petit déjeuner débarrassés, ils apportèrent ceux du déjeuner. Un gavage d'oies. J'étais assise à côté d'un de ces vieux expats qui connaissent tout le monde en Afrique. Joël avait mille histoires à raconter, qu'il me débitait sans perdre haleine, avec cette manie curieuse qu'ont certaines personnes de s'assurer de votre sujétion en vous harponnant régulièrement par l'utilisation intensive de votre prénom. « Tu comprends, Laura, l'Afrique, c'est un continent en devenir, car vois-tu, Laura, je te le dis, moi qui n'ai pas l'habitude de mentir, ce qu'on peut dire de l'Afrique, Laura, crois-moi, c'est que c'est un continent qui change… » L'intarissable Joël lardait ses phrases de mon prénom. Voulait-il me confirmer qu'il s'adressait bien à moi, au cas où il me serait venu à l'esprit de fuir par le hublot ? Je subodorais Ferdinand de l'avoir placé à mes côtés pour me changer les idées. Il avait raison : cette diarrhée verbale m'épuisait tellement que j'aurais tout donné pour y mettre fin, m'affaler contre la fenêtre et dormir tout mon saoul.

Derrière moi, j'entendais Mick plaisanter avec un journaliste originaire de Marseille, comme lui. Je ne sais pas comment il avait fait pour se trouver si rapidement un compatriote. C'était tout le talent de Mick, ça, cette façon de créer partout et facilement des connivences. C'est comme ça qu'il m'avait harponnée dans le train, cinq ans auparavant. « Vous venez avec moi prendre un café au bar ? » J'avais accepté : avec son blouson de cuir noir et son allure de rocker qui dénotaient tellement en première classe, il incarnait le frisson de l'interdit dont rêvent la plupart des épouses bourgeoises dans mon genre, toutes celles qui déplorent leur sagesse sans avoir le courage de prendre des risques. Le genre de gibier qu'adorent les cavaleurs en quête de proies faciles, vite énamourées et surtout discrètes. Leur confrérie aurait dû édifier une stèle au bar du TGV : le nombre de rencontres qui s'y nouaient, autour d'un café trop fort et trop cher ! Je n'avais pas fait exception à la règle. Peut-être y avais-je mis un peu plus de temps que d'autres, c'est tout. Mais un bon cavaleur sait être patient. Poursuivant plusieurs proies en même temps sans savoir ce que remonteront ses filets, il gère avec minutie le cheptel de ses conquêtes potentielles et sait se rappeler à intervalles réguliers à leur bon souvenir par un petit message tendre sur leur portable, l'utilisation judicieuse des courriels, jusqu'à ce que l'une des naïves s'imagine être tombée sur le grand amour.

Comme tous les vrais séducteurs, Mick savait me donner le sentiment d'être unique, alors qu'il était juste doté d'une excellente mémoire qui lui permettait d'entretenir l'illusion d'une relation exclusive. Sinon qu'il la démultipliait en parallèle à plusieurs exemplaires. Lorsque sa femme avait découvert notre liaison, j'avais eu droit, outre le tombereau inévitable d'insultes, à la description détaillée de mes rivales.

À l'époque, je ne savais rien de tout ça et j'étais tombée dans le panneau avec ravissement. Avec le recul d'ailleurs, je ne regrettais rien : Mick était un amant délicieux et attentionné. Au début tout du moins, car les don juan ne tiennent pas la route très longtemps. Il se désintéressa de moi dès que je fus solidement arrimée. Douloureux, l'atterrissage fut néanmoins profitable : en quelques semaines, j'avais comblé le retard accumulé sur Marc en matière de relations amoureuses. La règle numéro un était qu'on ne s'entiche jamais d'un cavaleur. La règle numéro deux, qu'il va se détourner de vous après vous avoir sorti le grand jeu. Le scénario était parfaitement prévisible, il suffisait juste de savourer le grand jeu.

Depuis mon divorce, j'en avais rencontré, des séducteurs. Le marché des femmes esseulées les intéressait particulièrement, à condition qu'elles soient suffisamment âgées pour ne pas rêver d'un bébé. J'avais eu droit à l'homme marié qui vous fait croire que vous êtes unique, mais disparaît totalement de votre vie pendant les vacances et les week-ends, précisément au moment où vous auriez envie de passer du temps avec lui. Au grand timide qui vous inonde de coups de fil et de courriels, sans jamais oser sauter le pas – chose que je m'étais une fois pour toute interdite, ma mère m'avait élevée à l'ancienne, une femme dispose, elle ne propose pas. J'étais aussi tombée sur pas mal de cavaleurs compulsifs, mariés évidemment, et qui prétendaient tous adorer leur femme. Exactement ce que Marc m'avait infligé, sinon que je tenais alors le rôle de l'épouse et qu'il m'avait néanmoins quittée. Moi, j'avais décidé que jamais je ne rebâtirais une relation sur les cendres d'un couple détruit à cause de moi. Jamais je n'infligerais à une autre ce qui m'avait été infligé. Mais mon tamis ne retenait rien et c'était exactement cela mon désespoir. Je ne connaissais plus le mode d'emploi des rencontres amoureuses. Pendant trop longtemps, j'avais été le prototype de la bonne mère, tout entière dévouée à sa progéniture, courant toute la journée de sorties d'école en cours de piano, persuadée que son gentil mari se sacrifie pour gagner l'argent du foyer pendant que, somme toute, elle se la coule douce à la maison. Ma carrière avait été mise entre parenthèses, mon potentiel de séduction aussi. Pendant vingt ans, j'avais été une maman. Toujours présente, toujours vigilante, la gardienne du foyer, pendant que l'homme allait chasser l'ours au péril de sa vie.

Aujourd'hui, je savais qu'il n'avait pas chassé que l'ours et que sa vie, somme toute, n'avait pas été si terrible qu'il le prétendait, bien au contraire. Entre deux expéditions victorieuses, il revenait à la maison pour s'ébaudir de ses merveilleux enfants que j'élevais si bien, leur accordait une attention extraordinairement touchante l'espace d'une demi-journée. Puis se tournait vers moi, sourcils froncés, et me reprochait de me négliger – pourquoi ne prenais-je pas le temps de me faire des ongles longs et vernis, de porter des escarpins à hauts talons et de me façonner une taille de guêpe en salle de musculation ? Exactement ce qu'il attendait de Shéhérazade aujourd'hui. Je m'excusais platement et promettais de faire des efforts, mais il était déjà reparti chasser l'ourse, déçu par le laisser-aller de cette épouse qui, décidément, ne vieillissait pas aussi bien qu'il l'aurait souhaité. Contrairement à lui, qui avait le temps d'aller courir chaque matin et de s'épuiser en de longues parties de tennis le week-end – ou d'autres parties, qui m'étaient soigneusement tues – pendant que j'assurais la présence parentale aux spectacles scolaires.

Mick, lui, que j'entendais rire aux éclats derrière moi avec son nouveau copain, avait su me dire que j'étais belle, que les kilos que Marc jugeait excédentaires étaient attendrissants et finalement bien agréables. Il m'avait redonné confiance en moi à un moment où mon mari me faisait douter de ma féminité. Avec Mick, j'avais réalisé que j'avais encore un corps et que, ma foi, il ne fonctionnait pas trop mal. Rien que pour cette utilité sociale, les séducteurs devaient être gratifiés de la médaille du mérite. D'une certaine façon, c'était Mick qui m'avait révélée à moi-même…

J'exonérais Mick quand j'accablais Marc. Mais la contradiction ne m'apparaissait pas. C'était simple pourtant : de l'un j'avais été la maîtresse, de l'autre l'épouse. À l'époque, toute à ma douleur, j'étais frappée de cécité quant au chassé-croisé des relations amoureuses, reprochant férocement à Marc ce dont j'avais bénéficié avec Mick.

Mais pourquoi lui avais-je demandé de m'accompagner à Timimoun ? Parce que je demeurais attachée à lui. Mick était toujours resté proche de moi. Nous avions connu tous les deux des divorces difficiles, douloureux. Je pensais que je pouvais compter sur lui. Contrairement à d'autres, qui se comportaient en mufles parfaits une fois les filets remontés, Marc probablement, sauf avec celle qui avait su être plus forte que lui, Mick était un séducteur gentil. Il ne fallait attendre de lui rien d'autre que ce qu'il pouvait donner : de la disponibilité, jamais de crises, une amitié indéfectible, mais superficielle. Un être léger. Mick avait envie de rester proche des femmes qu'il avait aimées, ce qui lui permettait aussi de ne jamais exclure l'hypothèse d'un retour de flamme sporadique, en toute amitié. C'était sa grande force :

il n'abusait personne par de fausses déclarations, ses amies ne pouvaient rien lui reprocher, sinon de prendre la tangente dès qu'il les sentait un peu trop accrochées.

Aujourd'hui, je comprenais la réaction de son épouse. Comme elle avait bien fait de le larguer ! On ne pouvait rien bâtir sur un être léger. On ne pouvait pas vivre indéfiniment avec un homme qui vous exposait en permanence à l'incertitude.

— Mesdames et messieurs, nous entamons notre descente sur Timimoun. La température extérieure est de vingt et un degrés. Nous vous souhaitons un agréable séjour et vous remercions d'avoir emprunté nos lignes. Nous espérons vous revoir bientôt.

Je l'espérais effectivement moi aussi, puisqu'ils devaient nous ramener trois jours après. Joël s'était endormi, comme ces enfants qui, après s'être agités pendant tout le trajet, sombrent enfin à l'arrivée du train en gare, au grand désespoir de leurs parents. Je jetais un coup d'œil par la fenêtre. Rien que du sable et des cailloux à perte de vue. Si nous espérions sortir un jour de ce coin absolu de désert, nous n'avions pas le choix : il faudrait reprendre l'avion, avec son personnel de bord stagiaire.

J'ai descendu la passerelle en veillant à ne pas rouler jusqu'en bas, lestée de cette nourriture d'avion qui remplit l'estomac sans flatter le palais.

La police était partout. Mais il n'y avait pas un uniforme identique : les uns affichaient du vert bouteille, les autres du kaki, les troisièmes une couleur épinard. Quelques gris aussi. Difficile de comprendre qui était qui, sinon que tout le monde nous toisait avec la même circonspection.

Une caméra thermique vérifiait chaque passager à son entrée dans l'aéroport. Pas question d'importer la grippe A au Sahara ! Je fus heureuse de découvrir que je n'avais pas de fièvre. Je m'étais sentie tellement malade ces derniers mois… Physiquement atteinte par cette séparation, au point de me demander si elle n'était pas en train de me ronger de l'intérieur. Il y avait tant de femmes qui mouraient d'un cancer dans les années qui suivaient une rupture, parce que la douleur impuissante les dévastait sans remède…

Pour accélérer les formalités, les VIP avaient été entreposés dans une salle de réception où les attendaient des assiettes de gâteaux peu engageants – de toute façon, personne n'était en mesure d'avaler quoi que ce soit. Des plateaux de thés à la menthe circulaient de groupes en groupes. Heureux d'avoir accès à la culture locale, les invités sirotaient le petit verre gorgé de sucre sans se douter qu'ils ne faisaient que reproduire un usage tout britannique : c'était les Anglais qui avaient importé au siècle dernier leur boisson nationale au Maghreb. En découvrant l'âge moyen du groupe des Importants, je fus soulagée d'avoir été classée dans celui des Besogneux.

Dans la pièce d'à côté régnait un invraisemblable désordre : les musiciens avaient déchargé leur matériel et les étudiants leurs sacs à dos. Les premiers furent pris en charge par les autorités algériennes, ils devaient se rendre sur le lieu du festival, à une heure de route. Les seconds attendaient les minibus qui allaient les convoyer à leurs campements. Mick était au milieu d'eux comme un coq en pâte, riant aux éclats sous les yeux d'une petite troupe qui l'adorait déjà.

Tous les étudiants sortirent assez rapidement de la salle de débarquement mais l'attente des VIP s'éternisait, tandis qu'une nervosité palpable gagnait les policiers.

Enfin, tous les passagers de l'avion parvinrent à s'entreposer dans un certain nombre de véhicules dotés du panonceau approprié. « Journalistes et professeur d'université » portait le mien. Flattée de ce traitement de faveur, je dus rapidement déchanter en constatant que le minibus puait abominablement. Et qu'il n'était pas prêt à se mettre en branle, nous laissant fricasser sous la chaleur saharienne dans des remugles douteux. Autour de nous, les uniformes s'agitaient dans tous les sens, lançant ordres et contrordres. Mais nous ne bougions pas.

Ferdinand expliqua que la police ne voulait pas laisser le convoi sortir de l'aéroport sans escorte armée.

Nous nous mîmes finalement en route. Si Al Qaida veillait en embuscade, nul doute que cet invraisemblable alignement de véhicules de police et de tourisme saurait attirer son attention. Même de la lune, on devait pouvoir nous identifier. Nous cheminions lentement, toutes sirènes tournoyantes, sur l'unique route qui reliait l'aéroport à la ville. J'avais beau m'écraser le nez contre la vitre, il n'y avait strictement rien à voir, sinon quelques ordures éparses dans un paysage lunaire. J'avais perdu Joël de vue, et surtout d'oreille, et ne m'en plaignais pas, même s'il était adorable avec son inépuisable faconde et sa gentillesse scotchée d'une oreille à l'autre.

Le minibus était farci de personnes non identifiées. Seul Moundir, le guide algérien qui nous avait accueillis à notre arrivée, se détachait du lot, avec son turban jaune, son sourire plein de bonne volonté et ses dents gâtées. Comme dans presque tous les pays du monde désormais, il peinait à s'exprimer en français. Ici aussi, les jeunes apprenaient l'anglais. La France payait le peu d'empressement qu'elle avait mis pendant des années à délivrer des visas aux étrangers par le déclin de sa langue et de sa culture, partout dans le monde, faisant fuir les étudiants vers d'autres terres plus accueillantes. Son intransigeance obsidionale lui avait fait perdre son rang et sa puissance.

Des éclats de voix nous firent sursauter. Au fond du car, un Maghrébin se disputait avec Isabelle. Je finis par comprendre que les autorités algériennes ne lui avaient pas donné d'accréditation pour le reportage qu'il était censé tourner sur Timimoun. À côté de lui, un beau garçon se tenait silencieusement en retrait, comme pour ne pas être éclaboussé par la violence verbale de son acolyte. Ou pour ne pas s'attirer ses foudres, puisqu'il s'avéra que lui l'avait obtenue, la fameuse accréditation, différence de traitement qui rendait fou de rage le reporter.

Son emportement contrastait avec le calme d'Isabelle. Elle ponctuait imperturbablement d'une phrase apaisante chaque éructation de l'autre. Il s'appelait Mohammed, comme je m'en rendis compte assez vite à la fréquence intensive dont Isabelle faisait usage de son prénom, comme Joël dans l'avion, espérant sans doute apaiser l'énervé par la vertu de la répétition. À sa place, j'aurais vertement cloué le bec de l'insolent. Mohammed me faisait l'effet de ces personnes dont la colère augmente en proportion de l'absence de résistance qu'elles rencontrent chez leurs interlocuteurs, comme si elles voulaient éprouver leur capacité d'absorption. En vraie pro de la communication,

Isabelle semblait habituée à ce type de situations. Elle devait se dire que pour l'agrément du voyage comme pour l'image de marque de Ferdinand, elle devait à tout prix temporiser. Mais les éclats de voix étaient tels qu'il était difficile de ne pas entendre l'altercation. Je finis par comprendre que Mohammed était algérien et qu'il en voulait à mort à la responsable de l'office du tourisme d'avoir refusé à un compatriote le droit de tourner dans son propre pays.

Peu à peu, je me désintéressais de la dispute, d'autant que Mohammed répétait inlassablement les mêmes imprécations. La tête contre la vitre, je songeais au choix que j'avais fait deux semaines plus tôt. Alors qu'il avait quitté la maison depuis près de six mois, Marc m'avait appelée la semaine précédente. Contrairement à son intention initiale, il n'avait toujours pas épousé Shéhérazade. Visiblement, les choses ne se passaient pas entre eux aussi bien qu'il l'aurait souhaité. Ou bien, il conservait quelques scrupules à mon égard.

— J'ai des choses à te dire.

Je l'avais écouté.

Sa proposition était simple : il était prêt à revenir tout de suite à la maison, mais je devais savoir que si je n'acceptais pas immédiatement et inconditionnellement son retour, son départ serait définitif. À moi de choisir. Si je décidais de tout recommencer avec lui sans lui poser de questions, il plaquerait Shéhérazade, bien que, ajouta-t-il, lui faire de la peine lui déchirait le cœur (je compatis pour la forme).

Mais le chantage ne s'arrêtait pas là : en échange de son retour, je devais accepter de passer l'ardoise magique sur le passé, m'engager à lui laisser sa liberté, renoncer aussi à la promotion professionnelle qui allait me conduire à m'absenter de la maison deux jours par semaine.

— Et tu perds dix kilos, bien sûr.

J'essayais de rester calme et bien disposée. Et lui, que me donnait-il en échange ? Eh bien, il revenait. Je devais m'estimer heureuse. C'était tellement facile pour un quinquagénaire de dégoter une femme de nos jours ! Et tellement difficile, en revanche, pour une quinquagénaire de trouver un mari aussi bien que lui ! « Toutes les femmes sont prêtes à vivre avec moi », me confia-t-il ce soir-là, lesté de l'inestimable valeur de toutes ces requêtes silencieuses. Est-ce que j'évaluais bien la faveur insigne qu'il me consentait ?

Je n'avais rien répondu. Car, et j'ai honte de l'avouer aujourd'hui, ce qui m'était venu à l'esprit à ce moment-là, ce n'était pas ses mensonges, sa tromperie permanente, mais l'espoir inouï de voir renaître le passé.

Lorsqu'il avait raccroché, j'en avais parlé à Anna. Elle se mit dans une colère noire :

— Tu ne crois pas que tu t'es suffisamment fait berner comme ça ? Ne rêve pas maman, ce n'est pas le prince charmant ! Tu ne le changeras pas. Toute ta vie, il t'a menti, arnaquée, brutalisée. Et tu voudrais croire à sa métamorphose ?

Mais elle avait beau s'agacer, aligner d'imparables arguments que j'accueillais en opinant, au fond de moi mon cœur vacillait à nouveau, comme il l'avait toujours fait. Après tout, il m'avait vraiment, sincèrement, aimée. Nous avions fait ensemble trois enfants magnifiques. Je repensais à nos voyages, aux moments de grâce passés en famille. Est-ce que tout n'était pas possible à nouveau ? Comment un homme tel que lui pouvait-il quitter la femme avec laquelle il avait bâti toute une vie ?

— Mais parce qu'il ne pense qu'à ça ! s'était exclamée ma fille exaspérée. Ouvre les yeux, maman, tu vois bien qu'il est complètement sous influence !

Elle avait raison. Je n'avais pas voulu acquiescer immédiatement et Marc n'avait plus reparlé de sa proposition. Il avait dû se réconcilier avec Shéhérazade. La fenêtre s'était refermée. J'étais à présent dans le désert algérien, avec un groupe de personnes dont je ne connaissais rien. J'appartenais désormais au clan immense des femmes répudiées, qui voyagent solitaires en se demandant si elles rencontreront un jour l'âme sœur.

Et j'allais dormir avec l'attachée de presse.

4

Les autres

Nous arrivâmes à la forteresse où je logerais avec les journalistes. Elle ressemblait à un château fort à l'architecture soudanaise. Pisé rouge, créneaux et grands arcs cintrés badigeonnés de chaux blanche. Le guide nous apprit fièrement dans un bagout approximatif qu'un seul homme avait entièrement restauré ce fort militaire. Il était là, modeste, un grand échalas émacié au nom d'Abderrahmane. Note touchante : pour parfaire son travail, il avait doté la cour d'un réservoir d'eau en forme de jarre, une immense poterie ocre, incongrue comme la vaisselle géante d'une maison de poupée au milieu des lignes pures de la forteresse. J'entendis quelques ricanements dans le groupe. Malgré cette touche décalée, il émanait de l'ensemble une beauté austère et apaisante qui me mit du baume au cœur.

La petite chambre que j'allais partager avec Isabelle était très simple : deux lits une place, des couvertures blanches et brunes probablement achetées au Maroc, une petite salle d'eau attenante, curieusement dotée d'un tuyau de douche coincé entre la cuvette des toilettes et le lavabo, au milieu de la pièce carrelée. Le groupe des journalistes était monté tout en haut, sur la terrasse. Je les suivis.

J'avais rarement vu un spectacle aussi beau. Au loin, l'immense cordon dunaire du grand erg occidental. Des dunes géantes à perte de vue. Plus près, miroitant sous le soleil de l'après-midi, le lac salé de la sebkha, blanc et gris au milieu des étendues ocre, tremblant comme un mirage. Et puis, au pied de la forteresse, une forêt de palmiers, incroyablement verte dans ce paysage minéral. Une splendeur. Nous nous trouvions dans le nombril du monde, juchés sur le donjon d'un château des sables.

C'est seulement à ce moment-là que j'ai pris conscience que nous étions au plein cœur du Sahara. Alger se trouvait à mille trois cents kilomètres au nord, Tombouctou à deux mille cinq cents au sud. Timimoun était une oasis au milieu de nulle part, un jardin perdu dans le désert.

Moundir nous emmena ensuite au cœur de la palmeraie. Un réseau de petits ruisseaux courait entre les arbres. Le guide nous apprit fièrement que les foggaras de Timimoun étaient connues dans le monde entier. Elles puisaient l'eau en profondeur et desservaient toute la palmeraie par gravitation. Des peignes d'argile distribuaient la vie, en un chevelu hydrographique d'une précision millimétrique. C'était le maître de l'eau qui gérait les seguias, avec une connaissance ancestrale du débit de chaque ru. Il pouvait le régler comme il l'entendait, simplement en déplaçant une pierre ou la dent d'un peigne.

Par la grâce de l'eau, l'oasis bruissait de vie. Les oiseaux dans les arbres, le braiment des ânes, le balancement des palmes dans le vent chaud de l'après-midi. En tombant, des dattes s'étaient fichées sur les épines des troncs, comme si la palmeraie avait voulu nous offrir des brochettes en guise de bienvenue. Vert tendre, le blé en herbe jaillissait dans les casiers. L'eau clapotait dans de petits bassins de rétention. Partout, le travail de l'homme avait façonné la terre en une riante oasis, défiant la sécheresse et le désert pour créer au cœur du minéral un paysage profondément apaisant. Les jardins d'Allah, disait-on à Timimoun.

J'avais envie de ne plus bouger. De m'asseoir à même le sol, à côté de l'eau en mouvement. Regarder la nuit tomber à travers les palmes et tout oublier.

Mais Moundir voulait nous emmener marcher dans la ville. Il avait hâte de nous montrer son pays.

Malgré notre fatigue, nous lui emboîtâmes le pas. Après tout, tous ceux qui m'accompagnaient avaient un article à écrire, une destination à programmer dans leurs catalogues : il fallait vendre les vols de Ferdinand.

Nous découvrîmes alors un monde plus sahélien que maghrébin. Pétarade de deux-roues pollueurs, désordre urbain, animation incessante dans les rues poussiéreuses… tout le cocktail habituel à l'Afrique subsaharienne. Un voile de sable venu tout droit du désert recouvrait tout. Timimoun était une ville rouge et blanche, un dédale de rues organisées autour d'un long axe central qui la fendait de part en part, bouillonnant de vie. Commerces, taxiphones, cafés, charrettes surchargées tirées par de minuscules ânes, vieilles camionnettes prêtes à rendre l'âme… en un curieux contraste avec l'immensité qui l'entourait, la ville grouillait en tous sens. Un autobus indien qui avait dû connaître l'empire britannique – comment était-il arrivé là ? – dégorgeait son lot de voyageurs. Des enfants couraient dans les rues. Je notais très vite l'absence des femmes : dans ce pays, elles restaient à la maison. Celles qui affrontaient la rue, rares, étaient encapuchonnées dans un immense voile, noir ou blanc, dont n'émergeaient que leurs yeux. Telle une gigantesque papillote, le haïk enveloppait même les paniers dont elles étaient chargées comme des portefaix. Seules quelques très jeunes filles bravaient l'interdit, mais elles avaient pris soin de couvrir leur chevelure.

Personne ne prenait garde à nous. Aucune hostilité, guère plus de bienveillance. Juste de l'indifférence. Comme si les touristes étaient tolérés sans susciter d'intérêt particulier.

Nous marchions le long de boutiques grandes ouvertes sur la rue, comme toujours en Afrique. J'apercevais des sacs de graines diverses, des rayonnages de produits à longue conservation, recouverts de cette poussière grise qui s'insinuait partout, et puis, dans chaque échoppe, un gros frigo rempli de sodas, avec sa lumière bleutée qui ne parvenait pas à annuler l'obscurité naissante. Dans la semi-pénombre, il fallait veiller à ne pas buter sur des trottoirs irréguliers et sporadiques. C'était l'heure de la prière. Les magasins fermaient les uns après les autres à l'appel du muezzin.

Moundir demanda aux femmes de se couvrir la tête et il nous emmena à l'entrée de la grande mosquée, imposante avec ses hauts minarets qui veillaient sur la ville. Alignement de chaussures à l'entrée, tapis multicolores surplombés de grands piliers, versets du Coran sur les murs et hommes pieusement agenouillés, j'avais l'impression d'avoir déjà vu ce spectacle des dizaines de fois : religion englobante, l'islam prenait la planète en écharpe, du Maroc à l'Indonésie.

Nous n'osâmes pas pénétrer à l'intérieur des lieux saints, bien que personne ne nous ait fait la moindre remarque. Moundir nous expliqua que la mosquée abritait la plus grande Medersa de la région, une école coranique réputée qui avait formé certains grands noms de la résistance algérienne lors de la colonisation du pays.

Personne ne fit le moindre commentaire. Nous touchions là au point le plus douloureux de l'histoire de l'Algérie. Tout ce qui blessait ici avait trait d'une façon ou d'une autre à la présence française. Le contentieux entre les deux pays restait entier. Quelle famille, de part et d'autre de la Méditerranée, n'avait pas été touchée, de près ou de loin ? Mon père était rentré traumatisé de ces trois années où le jeune appelé qu'il était alors avait été obligé de faire son service militaire dans une sale guerre dont l'issue était connue d'avance.

Peu à peu, je commençais à faire la connaissance du groupe. J'avais perdu Mick de vue depuis l'aéroport. Il avait dû rester avec les étudiants. Et surtout les étudiantes. Ça m'apprendrait à ne pas vouloir assumer mon statut de Besogneuse ! Les journalistes comme les tour-opérateurs semblaient se connaître de longue date. Le milieu du voyage était comme tous les autres un tout petit monde fait de connivences et de détestations nées d'histoires communes, qui échappaient à ceux qui se trouvaient à l'extérieur du cercle. Je ne connaissais ni leur vocabulaire, ni leurs usages.

Parmi eux, quelques-uns se détachaient, à mes yeux en tout cas. Bruno, reporter d'un hebdomadaire branché, nous faussa compagnie dès qu'il le put pour aller marcher seul dans la vieille ville, où il se fondit rapidement dans la foule. Avec sa silhouette gracile, sa peau mate et ses yeux bleus, il ressemblait à un Kabyle. Il m'avait appris pourtant qu'il était originaire du nord de la France, comme moi. Je l'enviais de cet anonymat commode qui facilitait ses voyages. Moi, partout où j'allais, j'étais repérée. Il n'y avait qu'au nord et à l'est de Lille que je pouvais espérer passer inaperçue. Partout ailleurs, j'étais immédiatement identifiée comme l'étrangère, la blonde européenne forcément riche et crédule.

Les femmes ici étaient toutes ensevelies sous des tenues qui les rendaient interchangeables, également asexuées, protégées des regards par l'accumulation de tissus opaques. C'était précisément le but recherché par cette société, qui ne tolérait la féminité qu'à l'usage exclusif et domestique de leurs propriétaires masculins. Mais les hommes ne jetaient pas un seul regard à notre groupe de femmes en cheveux – à peine sorties de la mosquée, nous nous étions toutes débarrassées de nos foulards avec soulagement, comme une évidence. Femmes impies, femmes qu'ils jugeaient probablement dévoyées, marchant librement dans les rues avec des hommes qui n'étaient ni nos frères, ni nos maris, nous étions transparentes aux yeux des habitants de Timimoun. Comme s'ils nous ignoraient. Ou nous méprisaient.

Emmanuel, lui, travaillait pour une agence de treks. J'avais déjà remarqué la façon dont il écoutait attentivement les femmes du groupe, comme s'il avait voulu créer avec chacune d'entre elles une complicité particulière. Il était plutôt beau, presque aussi grand que Mick, bien fait, si ce n'était son nez d'une incroyable longueur. Un tel appendice me fascinait : je lui imaginais des usages intimes tout à fait performants, rougissant moi-même de nourrir de telles pensées. Pour moi, Emmanuel appartenait sans aucun doute à la race des cavaleurs. J'avais désormais un sixième sens pour les identifier à distance.

Quant à Bernard, il avait fondé une agence qui se voulait exemplaire dans ce nouveau créneau qui permettait aux voyagistes de conserver leurs parts de marché, ce qu'ils appelaient le tourisme responsable. Nous devions débattre de la question le lendemain tous ensemble. Bruno aussi avait de beaux traits, l'air buriné des baroudeurs et les plis au coin des yeux des hommes qui ont beaucoup souri.

Les femmes ne dérogeaient pas à l'impression générale que donnait le groupe, celle de personnes qui menaient un mode de vie sain, indifférentes aux diktats de la mode tout en restant élégantes, dans des styles vestimentaires originaux qu'elles avaient dû se façonner au fil de leurs nombreux voyages. Elles étaient toutes bien faites, et j'avais du mal à les distinguer les unes des autres avec leurs visages harmonieux, leurs tenues chamarrées et toujours décalées. Pour moi, deux d'entre elles se détachaient du groupe. Malia, une belle brune qui affichait sans complexe sa maturité quinquagénaire, dirigeait une agence de voyage spécialement dédiée aux femmes, partant du principe qu'il existait chez elles une envie de voyager en toute sérénité, en partageant avec leurs consœurs la même approche du tourisme. Son agence marchait bien et je me dis avec mélancolie que, bientôt, c'était avec ce type de structures que je partirais moi aussi, maintenant que je faisais partie du groupe immense des femmes célibataires, veuves ou divorcées, toutes également solitaires.

Zohra, elle, travaillait pour un magazine spécialisé dans l'ode permanente à la beauté de la nature dès que l'être humain en est banni. Pour l'acheter régulièrement, je connaissais bien sa publication, non sans un certain agacement pour le culte qu'elle rendait page après page à son fondateur, un aventurier professionnel financé par des lessiviers, qui pratiquait à outrance la technique du « faites ce que je dis, pas ce que je fais ». Mais les reportages que s'offrait aux frais des entreprises qu'il conspuait par ailleurs ce grand médiateur entre la planète et la piétaille me fascinaient : toujours magnifiques, ils m'emmenaient dans des territoires où, effectivement, je ne pourrais jamais aller moi-même. L'aventurier s'enorgueillissait d'atteindre les lieux les plus inaccessibles en employant généralement des modes de locomotion aussi coûteux qu'improbables : montgolfière, petit avion à moteur, vedette rapide, hélicoptère, et toutes sortes d'aéronefs du même acabit, bruyants, coûteux, élitistes. Et comme aucun d'entre eux ne faisait partie de mes habitudes, je ne pouvais que rêver par procuration, ce qui était précisément le fonds de commerce du magazine dont s'occupait Zohra. Les médias avaient adoubé le grand prêtre grâce à ses prédications toujours alarmistes sur le devenir de mondes dont il se réservait l'exclusivité. Son visage de cocker triste apparaissait régulièrement sur les écrans. Les hommes politiques lui faisaient la cour, espérant rallier les voix de ceux que séduisait son discours millénariste.

Zohra, elle, ne correspondait pas au profil de son mentor : brune, toute frisée, expansive, sa forte personnalité s'exprimait dans les propos péremptoires dont elle nous gratifiait à propos de tout et de rien. Penché vers elle, son long nez effleurant la mousse noire des cheveux frisés, Emmanuel l'écoutait avec une attention qui ne me paraissait pas tout à fait désintéressée.

En définitive, beaucoup de personnes étaient originaires d'Afrique du Nord dans ce groupe. Elles avaient dû profiter de ce voyage pour retrouver des territoires quittés enfants et longtemps interdits. J'entendais les tour-opérateurs évoquer les difficultés qu'ils rencontraient pour monter des voyages en Algérie. Ils semblaient tous soulagés que l'initiative de Ferdinand rende le Sahara à nouveau accessible. De l'avis général, la région était l'un des plus beaux territoires de désert qu'il soit possible d'offrir aux touristes. Mais il régnait aussi entre eux une sourde rivalité, qu'Emmanuel m'expliqua :

— Bâtir un voyage, c'est comme concevoir un vêtement. Une création originale. Il faut qu'il tombe bien et qu'il aille à celui qui le choisit. Nous, nous veillons à tenir compte de tout dans nos itinéraires et nos hébergements.

— Donne-moi un exemple.

— Il est inutile de passer dans un beau paysage à une heure où le soleil t'empêche de prendre des photos. Mieux vaut le programmer à un autre moment de la journée. Faire une boucle peut empêcher le chamelier de se reposer. Nous devons tout prévoir.

— Tu veux dire qu'un circuit n'est jamais spontané ?

— Bien sûr. Et celui qui inscrit à son catalogue, à l'identique, le voyage que tu as passé des semaines à préparer dans ses moindres détails te vole ton travail et ta clientèle. Il devrait exister une forme de propriété intellectuelle pour les agences.

Comme moi, une jeune femme l'écoutait attentivement. Agathe était une longue blonde pâle, habillée de façon très décontractée d'un grand sarouel qui, grâce à sa minceur extrême, ne parvenait pas à l'enlaidir. Je n'ose imaginer la silhouette que j'aurais eue dans un tel pantalon… Isabelle m'apprit qu'elle travaillait pour une grande radio nationale. Son émission portait un nom évocateur : « L'Afrique merveilleuse ». Elle passait sur les ondes tous les matins. Je me souvins alors que je l'avais souvent prise en route, étonnée d'entendre des voix africaines relater à une heure de grande écoute leurs problèmes et leurs joies de tous les jours. Je dis à Agathe combien j'aimais son émission, elle rosit avec délicatesse, comme si j'étais la première à lui faire la remarque. Tout le groupe renchérit aussitôt, accentuant sa confusion. Le travail d'Agathe correspondait aux valeurs que ces professionnels du voyage entendaient défendre : une vraie authenticité, le respect des populations locales, des découvertes hors des sentiers battus du tourisme mondialisé.

J'étais marquée par le fait qu'ils éclataient tous de santé. Leur mode de vie, les longues marches qui caractérisaient leur pratique du voyage avaient façonné des corps également déliés. Certes, la plupart des visages étaient marqués par le grand air, burinant des peaux peu préoccupées par l'emploi de crèmes hydratantes. Nous étions loin du culte stérile du jeunisme qui avait éloigné Marc de moi. Je me sentais de plus en plus en décalage avec sa conception de la féminité, qui privilégiait la sophistication à la simplicité, l'artifice au naturel, l'esbroufe. Mais peut-être était-ce parce que je vieillissais moi-même et que l'âge inévitablement me déclassait. Chez nous, les femmes ne se cachaient pas sous des tissus opaques, pas de haïk comme à Timimoun, non, elles auraient été choquées au contraire de ne pas pouvoir dévoiler leurs charmes. Mais c'était presque pire : elles se façonnaient à force de privations, de chirurgie et d'exercices une burkha de chair qui allait leur permettre, espéraient-elles, de trouver un mari. Paris était rempli de ces femmes parfaites, sans tendresse les unes pour les autres car elles vivaient dans une concurrence impitoyable pour capter la lumière, les hommes et cet amour auquel elles aspiraient toutes, bien que la plupart d'entre elles le contestassent sauvagement, pleines de mépris et de morgue. Ceux qui m'accompagnaient avaient refusé cette dictature, c'étaient des gens vivants, gais, pleins de sève et de curiosité. Je me sentais bien avec eux. Ils m'avaient acceptée avec simplicité, une gentillesse bon enfant.

Avant de quitter le centre-ville, le guide nous emmena dans son bâtiment le plus curieux, un ancien fort militaire qui me rappela la mosquée de Djenné, au Mali. Il avait été transformé en hôtel avant de devenir un centre d'exposition, peu fréquenté à en juger par le dénuement de ses pièces. Résumant Timimoun, l'Oasis rouge en portait le nom. Elle avait connu la colonisation, puis le tourisme, puis le repli sur soi, se retrouvant désormais vide, comme désaffectée. Toute l'histoire de l'Algérie en un seul lieu. Oasis rouge… Oasis, certainement pas : le fort était austère, d'un dépouillement monacal que seules rompaient des fresques étranges qui couraient du sol au plafond sur les murs d'adobe couleur brique. Nous interrogeâmes Moundir à leur sujet et il nous déroula la belle histoire de l'authenticité : ces dessins incarnaient une tradition immémoriale, miraculeusement préservée.

Un vieil homme l'interrompit brutalement en arabe. Il s'était glissé au milieu de notre groupe quand nous étions entrés dans le fort sans que nous ne remarquions sa présence. Il s'adressa à Moundir d'un ton péremptoire. Humilié, le guide lui répondit tout aussi brutalement, dans la même langue. Nous suivions l'altercation, interloqués. Zohra éclata de rire et nous expliqua : le bâtiment n'avait rien d'ancien, il avait été construit par les Français après la Première Guerre mondiale à des fins militaires. Les fresques étaient régulièrement rafraîchies par de jeunes sculpteurs locaux, qui donnaient libre cours à leur imagination, tout en puisant dans le fonds culturel de cette région, le Gourara, comme dans la mémoire douloureuse de l'Algérie. Cette scénographie sculptée dans l'argile avait fait de l'Oasis rouge l'emblème touristique de la région.

Peu m'importait la supercherie, le mythe éventé : même récente, l'Oasis rouge portait en elle une force brute et mystérieuse. Pendant que Zohra nous parlait, Moundir, furieux contre son compatriote, l'insultait tout bas en arabe. Le vieillard décampa sans demander son reste. Pourtant, nous lui étions reconnaissants d'avoir rétabli la vérité, même si ceux qui étaient présents construiraient probablement à leur tour une belle histoire dans leurs articles et leurs catalogues, afin de vendre la destination à leurs clients… Le tourisme reposait sur de tels artifices pour se perpétrer.

Moundir nous convoqua devant une plaque commémorative. Comme s'il se fut agi d'un incommensurable honneur pour l'Algérie en général et l'Oasis rouge en particulier, elle célébrait la nuit qu'avait passée en ces lieux un personnage de la plus haute importance. J'en lus le nom avec incrédulité : Son Altesse Sérénissime la grande-duchesse de Luxembourg. Elle avait, précisait l'inscription, inauguré le circuit touristique du Grand erg le 15 avril 1926. Depuis, seuls quelques hauts dignitaires de passage, triés sur le volet, s'étaient vu octroyer l'honneur extrême de dormir dans cette chambre sacrée. Que nous ne pûmes admirer car elle avait été depuis transformée en entrepôt et, en conséquence, solidement verrouillée pour éviter les vols.

Après nous être recueillis quelques instants, nous fûmes invités à monter sur la terrasse. Timimoun, ville plate, demeurait hermétique au ras du sol. Mais il faisait trop sombre déjà et nous ne pûmes que deviner, aux mille sons qui montaient vers nous, que le pouls de la ville battait dans un dédale de ruelles qui nous restaient inconnues. Celles que devait être en train de parcourir le solitaire Bruno.

Nous poursuivîmes la visite en parfaits touristes indisciplinés, nous dispersant un peu partout par petits groupes. Timimoun n'avait pas besoin d'artifices : elle portait en elle sa part de mystère, avec ses vieux quartiers dont certaines venelles étaient tellement étroites qu'un homme y passait avec difficulté. Partout se dressaient des marabouts, mausolées érigés à la gloire des saints locaux, et de curieuses constructions en forme de cloche, dont Moundir expliqua qu'il s'agissait de puits évents : un très ancien réseau de canalisations courait sous la ville ancienne, alimentant les foggaras de la palmeraie et les habitations privées.

Notre guide prenait sa tâche très à cœur. Il nous conduisit vers une arcade qui se voulait plus monumentale et plus rouge encore que les autres bâtiments de la ville. Édifiée en ces briques d'argile séchées qu'on appelait ici le toub, coiffée de bois de palmier, la porte du Soudan était, nous apprit-il, l'entrée officielle de Timimoun. Celle que franchissaient les caravaniers qui arrivaient du désert avec leurs chameaux.

Nous stationnâmes longtemps devant l'édifice, qui me semblait lui aussi un peu trop neuf pour être vraiment authentique. « Bien sûr, il faut réenduire le toub tous les ans, sinon la pluie le détruit », me précisa Moundir. Une partie du groupe prenait des photos, l'autre s'était lancée dans une grande discussion avec des jeunes qui avaient fondu sur nous dès qu'ils avaient vu des Français. « On vient du 9-3. »

Leurs familles les avaient renvoyés au bled histoire de les calmer un peu. L'unique fille portait un foulard si ajusté sur sa tête ronde que pas une mèche n'en dépassait. Elle avait dû être rapidement mise au pas.

Le temps s'éternisait sans but. La nuit était devenue tout à fait noire et je commençais à m'ennuyer ferme. Je pensais à mes enfants qui n'auraient pas le bonheur de connaître cette ville étrange. J'aurais tellement aimé les emmener avec moi ! Depuis qu'ils étaient nés, il n'était pas un lieu où je m'étais rendue sans eux. Prendre plaisir à un voyage dont ils étaient privés me semblait impossible. Pas comme Marc, qui se distrayait désormais avec sa belle dans les plus beaux palaces du monde entier comme si nous avions cessé d'exister. Comme j'avais été triste d'apprendre qu'il s'était promené en calèche à Marrakech sans nous ! C'était un privilège que je nous croyais réservé…

Mais la vie n'était plus qu'une suite de désillusions : il fallait désormais emprunter à rebours le chemin parcouru ensemble si longtemps, déconstruire une à une toutes les étapes symboliques de notre mariage, de notre famille. L'épreuve initiatique du divorce… Chaque fois, la chute me blessait. Mais l'escalier n'en finissait pas. Et chaque marche me dénudait de mes espoirs, de mes souvenirs, de ma crédulité. Pendant trente ans, j'avais vécu sur le mythe d'un homme aimant et transparent. Je découvrais peu à peu que j'avais côtoyé un inconnu. C'était moi, et moi seule qui m'étais forgé un prince charmant, m'aveuglant moi-même, enfermée dans ma cécité volontaire. J'avais refusé d'admettre la vraie nature de Marc.

— Tu viens Laura ?

En m'appelant par mon prénom, Moundir me surprit. Il nous connaissait donc déjà ! Le guide tentait de récupérer ses ouailles. Comme toujours dans les groupes, il en manquait une bonne moitié. Elle s'était évaporée dans la nuit, lassée de piétiner devant la Porte du Soudan dont Zohra, décidément incollable, venait de nous apprendre qu'elle avait été édifiée par les Français pour contrôler les allées et venues des caravaniers. Les autorités coloniales obligeaient les convois de sel et d'or à converger vers elle, au lieu d'emprunter les routes traditionnelles. L'histoire ancienne de Timimoun avait été recouverte par la colonisation : même l'architecture néo-soudanaise de la ville datait du début du XXe siècle.

— Comment sais-tu tout cela, Zohra ?

— Parce que j'ai emporté un guide, pardi !

Joignant le geste à la parole, elle me dévoila avec une mine de conspiratrice un petit livre rangé dans son sac à main. J'éclatais de rire. Moi, j'étais partie rapidement, l'esprit tellement ailleurs, que je n'avais rien préparé de ce voyage. C'était bien la première fois. Pendant des années, j'avais joué les guides touristiques avec application, pour le plus grand bonheur de Marc qui se contentait de conduire la voiture de location et de porter les bagages, jouant son rôle logistique à la perfection tout en pensant visiblement à bien autre chose. Nous le déplacions de décor en décor comme un automate, plongé dans ses réflexions, compagnon dévoué mais mentalement absent. À qui songeait-il, alors ?

Nous scrutions l'obscurité, espérant voir réapparaître les absents, ce qu'ils firent un à un, miraculeusement. En voyage, la vie de groupe se résumait souvent à une longue épreuve de patience. On passait des heures à s'attendre mutuellement et seuls profitaient du séjour, finalement, ceux qui ne se pliaient pas aux consignes et faussaient compagnie aux autres. Je n'en avais cure : mes pensées suffisaient à m'occuper.

Les autres commençaient à râler : ils avaient leurs articles à écrire. Je me demandais ce qu'étaient en train de faire mes étudiants, à qui j'avais confié un travail de réflexion sur le tourisme dans la ville. Et Mick. Bruno, lui, avait bel et bien disparu.

— Bah, il nous rejoindra au restaurant, conclut Bernard, de façon tout à fait improbable puisque aucun programme n'avait été distribué aux participants.

— Il sait bien qu'à Timimoun tous les touristes dînent chez Moussa, ajouta Zohra d'un ton sans appel, avant d'intimer aux retardataires, sous l'œil admiratif de Moundir, l'ordre de monter dans l'autocar.

5
Chagrin

Chez Moussa, Bruno était déjà là, confirmant l'intuition de Zohra. Il n'eut pas un mot d'excuse pour ceux qui s'étaient inquiétés. Comme Mick, il s'était assis en tailleur au milieu des étudiants, avec une délectation visible. Tout le monde avait pris place sous une de ces grandes tentes de toile à rayures que les nomades affectionnent. Toujours fidèle à sa mission, Moundir nous expliqua que la khaima était tissée exclusivement par les femmes. En cas de pluie, le gonflement de ses fibres de laine la rendait étanche, tandis qu'elle assurait au contraire un délicieux microclimat quand il faisait chaud, car les mêmes fibres se relâchaient pour laisser passer l'air. Cet ajustement permanent aux caprices météorologiques faisait de la tente des nomades une petite merveille de technologie, dont nous étions invités à saluer l'ingéniosité. N'ayant nullement prévu pareil exercice, je souffrais surtout de devoir m'asseoir à même le sol, sur des tapis qui avaient dû connaître des jours meilleurs : allez vous accroupir, vêtue d'une jupe qui vous arrive aux genoux ! Enviant le sarouel de l'avisée Agathe, je comprenais mieux soudain pourquoi la culture locale imposait aux femmes de rester en cuisine ou d'enfiler des sacs poubelles.

Où les hauts personnages avaient-ils donc passé leur fin d'après-midi, pendant que nous arpentions la ville au son du muezzin ? Mystère. Comme mes étudiants envoyés dans leur lointain campement, les VIP s'étaient volatilisés. Ferdinand avait fractionné l'espace temps. Dans le grand hôtel restaurant, tenu par ce Moussa qui était apparemment une célébrité locale et que je n'avais pas encore vu, les rescapés du cloisonnement semblaient un peu incertains, comme froissés par cette journée de voyage commencée trop tôt et qui ne semblait jamais vouloir s'achever. Seuls Mick et Bruno paradaient au milieu d'une assistance féminine fascinée, tandis que la moitié masculine se partageait équitablement entre des auditeurs bon public et d'autres qui faisaient ostensiblement la gueule. Juan surtout, après s'être autoproclamé leader de promotion, ralliant les suffrages en un tournemain, ne supportait pas l'admiration des filles.

Il me donnait envie de rire avec son air de dignité outragée.

Les VIP arrivèrent enfin, en compagnie de Ferdinand. Nous n'en pouvions plus de grignoter des cacahuètes et de vagues biscuits apéritifs. Ils étaient ravis de leur excursion. « Nous avons vu une grotte et un ksour extraordinaires ! » s'exclamaient-ils à la cantonade. Zohra gronda entre ses dents : « Un ksar, bande d'ignares ! » Je fus une des rares à l'entendre et j'éclatai de rire, une fois de plus.

Cela aussi, c'était une particularité des groupes : la propension de chacun à rouler des mécaniques, sur le mode « j'ai vu plus de choses que vous, et tellement plus belles ! ». Chacun voulait être sûr d'en avoir eu pour son argent. Il fallait absolument épater les autres, sinon le voyage n'était pas réussi.

Comme il n'était pas question d'imposer à ces personnages importants de dîner par terre, des tables avaient été dressées à proximité. Je décidais unilatéralement de monter en grade l'espace d'un repas. Manger le couscous l'estomac replié sur un tapis, merci bien. La table des nantis serait beaucoup plus accueillante.

Pendant cette soirée, les conversations fusaient entre journalistes et tour-opérateurs, toutes en sous-entendus et en allusions qui m'échappaient. Je notais seulement que Zohra régnait sur la tablée et qu'Isabelle avait un statut à part. Comme si les autres se méfiaient d'elle. Ou peut-être, simplement, la jalousaient-ils d'avoir obtenu l'organisation du voyage ?

Mohammed ne se montra pas. J'appris par Isabelle qu'il avait décidé de rester bouder dans sa chambre à la forteresse, mesure de représailles qui laissa tout le monde parfaitement indifférent, si ce n'est qu'il avait aussi retenu en otage son beau cameraman. Ce dernier n'avait pas osé, ou n'avait pas pu se désolidariser de son chef, et les femmes présentes regrettaient ouvertement son absence en riant. Elles avaient d'emblée effectué le repérage rapide qui permet de savoir ce qu'un groupe peut vous laisser espérer en matière de rencontre. Pour moi, la réponse était simple : rien. Je me sentais étrangère à leur monde, exclue de leur univers et, pour tout dire, je m'en fichais. C'était une époque où Marc occupait encore entièrement mes pensées.

Mick et Bruno continuaient à pérorer au milieu des étudiants. Je les entendais rire depuis ma table, où le ton était nettement plus cérémonieux. Mes voisins me posèrent un certain nombre de questions sur mon métier et je fis de mon mieux pour le leur présenter sous son jour le plus favorable – toujours cette préoccupation des entreprises partenaires –, malgré le cagibi que je partageais avec trois autres professeurs en guise de bureau, l'ordinateur antédiluvien, en panne depuis deux ans, la sensation désolante que l'université avait été sacrifiée dans le système éducatif français. Plus la soirée avançait, plus la fatigue alourdissait mes épaules. Je commençais à regretter de n'avoir pas, comme les autres, choisi de m'élarder sur le tapis.

À la fin du repas, des chants attirèrent notre attention. Dehors, un feu de planches lançait des gerbes d'étincelles dans le ciel d'encre. Tout autour, des hommes s'étaient rassemblés, vêtus de blanc, burnous et chèches assortis. Nous avions l'impression d'être autorisés à assister à une mystérieuse cérémonie. Un homme entonna un chant religieux, que reprirent en chœur tous les autres. Emplis d'une ferveur concentrée, ils scandaient leur mélopée en tapant des mains et des pieds, se déplaçant par tout petits pas, tous ensemble, parfaitement à l'unisson. Nous les écoutions fascinés, émus, oubliant le froid coupant qui tombait peu à peu sur le désert. Les mains éclairées par le feu, le rayonnement des visages envoûtés par le chant, les étincelles éclairant la chorale… Malgré la beauté des chœurs, je restais sur mes gardes : au fil de mes voyages, j'avais fini par me méfier des pseudo-danses sacrées qu'on infligeait aux touristes au nom du prétendu folklore local, leur faisant croire qu'ils avaient surpris un rituel intimiste là où l'organisateur du voyage leur servait une prestation tarifée, minutée, réservée à ceux qui avaient payé leur écot. Les Dogons du Mali étaient passés maîtres en la matière, avec leurs danses des masques sur commande.

Je chuchotai à Ferdinand :

— Mais qu'est-ce que c'est ? Pas une cérémonie spécial touristes j'espère ?

Il parut choqué.

— Tu ne connais pas ? C'est l'Ahellil. Le chant rituel du Gourara. Ces hommes rendent hommage à Dieu.

Cette psalmodie sacrée n'existait nulle part ailleurs, au point que l'Unesco l'avait inscrite à son patrimoine mondial. J'eus honte de ma méfiance : Timimoun la flamboyante nous révélait sa face mystique et je campais sur mes gardes…

Ferdinand, lui, ne boudait pas son plaisir. Enthousiaste, il me désigna un musicien qui tirait d'une sorte de flûte d'incroyables sonorités.

— Tu vois cet homme ? L'instrument dont il joue s'appelle le tamdja.

Les chœurs montaient dans la pénombre, rythmés par les battements de main, la flûte et les tambourins. Les chanteurs paraissaient comme possédés, enivrés par leurs propres voix. Quelques femmes algériennes s'étaient discrètement glissées parmi nous, écoutant les chants le visage extatique. C'était à la fois poignant et un peu inquiétant.

— C'est une cérémonie qui ne se tient que la nuit, me chuchota Ferdinand à l'oreille. Tu comprends mieux pourquoi j'adore cette région.

Moundir et les chauffeurs des bus, eux, voulaient boucler leur journée de travail. Ils nous proposèrent de nous ramener dans nos hôtels. Perclus de fatigue, saisis par le froid intense qui nous avait cueillis dans nos vêtements de la journée, nous partîmes avant la fin de la cérémonie, malgré sa beauté.

Au moment de monter dans l'autobus, je crus apercevoir Mick tendrement penché sur une silhouette féminine, mais je ne parvenais pas à identifier l'heureuse élue. Je soupirais. Pourvu qu'il ne me crée pas de problème avec mes étudiants ! J'avais fait une erreur en l'emmenant avec moi…

Il était tard. L'oasis s'était muée en banquise. « Six mois d'hiver, six mois d'enfer », disait-on à Timimoun, où la saison touristique se limitait aux mois les plus frais. La température, très douce dans la journée, dévissait le soir venu. L'amplitude thermique était difficile à imaginer quand on sortait de l'avion au début de l'après-midi, comme nous l'avions fait, tout empêtrés dans nos manteaux d'hiver qui paraissaient parfaitement déplacés. Je m'étais sentie ridicule avec mon gros blouson de ski qu'Isabelle m'avait conseillé d'emporter, une de ces bouées à plumes qu'on achetait dans les stations d'altitude. Je détestais le ski, mais il fallait faire plaisir à Marc, qui tenait à y traîner toute sa petite famille chaque hiver. Ces séjours à la montagne me laissaient un souvenir mitigé : logements trop exigus, architecture dévolue au béton et à la voiture, avec aucun espace pour ceux que le ski de piste n'intéressait pas, j'expérimentais les usines à neige que le tourisme de masse a produites en série. Il s'agissait seulement de dévaler tout schuss des autoroutes damées, aussi encombrées que le périphérique parisien à six heures du soir. Au moins, j'étais débarrassée de ce pensum annuel.

Nous arrivâmes à la forteresse, où j'avais laissé le blouson sur mon lit, incapable d'imaginer que je le regretterais amèrement quatre heures plus tard. Partager la chambre d'Isabelle me semblait très incongru, comme si j'étais revenue à mes années de colonies de vacances. Depuis trente ans, je dormais avec Marc.

Je pris mon courage à deux mains.

— Je dois t'avouer quelque chose.

Elle me regarda, interrogatrice.

— Je crois bien que je ronfle.

Contre toute attente, le visage d'Isabelle s'éclaira.

— Moi aussi ! s'exclama-t-elle, toute soulagée.

Qu'Isabelle reconnaisse qu'elle appartenait au clan bien représenté des sonneurs nocturnes me ravissait. Jusque-là, je n'avais rencontré que des personnes drapées dans leur dignité offensée, qui vous affirmaient le plus sérieusement possible qu'elles ne ronflaient jamais. Il suffisait de passer une nuit à leurs côtés pour avoir la preuve du contraire, mais elles tenaient mordicus à leur version des choses. Que la ravissante attachée de presse se révèle aussi nature changeait la perspective de nos trois nuits en commun.

Je ne l'ai pas encore décrite. Blonde aux cheveux lisses, elle incarnait la beauté classique des statues romaines : petit nez droit et bien fait, yeux très bleus, visage harmonieux. Je lui fis remarquer que cela allait rigoler sec, cette nuit, dans les chambres voisines.

— Penses-tu ! Agathe pourra agrémenter sa prochaine émission…

Il fallait maintenant expérimenter notre curieuse salle de bains. Après avoir consciencieusement inondé la cuvette des toilettes et l'intégralité du carrelage de la pièce, puisque la pomme de douche était étrangement placée au beau milieu de la pièce, je me livrais à l'exercice toujours agréable qui consiste à tenter de se rhabiller dans une piscine. Un seul vêtement à terre, et j'allais traîner pendant trois jours une chose ruisselante, qui ne risquerait pas de sécher dans la grotte où nous dormions.

Isabelle décida de se shampouiner la tête, suscitant chez moi l'admiration autant que la perplexité.

Après disposé sur nos lits, en prévision du froid nocturne, toutes les épaisseurs possibles, nous nous couchâmes en même temps toutes les deux. J'avais intérêt à ne pas bouger d'un poil si je voulais garder mon empilement de couvertures. Blottie dans son lit comme moi, Isabelle me demanda ce que j'avais pensé de la journée. J'avais décidément l'impression d'être redevenue lycéenne, quand des amies venaient dormir chez moi et que nous discutions des heures, avant de nous endormir. Isabelle m'apprit que si Zohra connaissait si bien Timimoun, ce n'était pas seulement grâce à un livre. Elle avait vécu dans cette ville un grand chagrin d'amour, une histoire très forte qui s'était effritée à l'ombre de la ville de sable. J'imaginais aisément combien y revenir était douloureux pour elle.

La situation était propice aux confidences. Je lui parlais de mon divorce et de la souffrance qu'il me causait. Elle m'apprit alors que j'aurais eu toutes les raisons de la détester : elle faisait partie de l'autre camp, celui des femmes qui avaient choisi un homme qui aurait pu être leur père. Un frisson me parcourut. J'essayais de prendre la voix la plus neutre possible, soulagée que l'obscurité masquât mon trouble.

— Mais… Il était marié ?

Elle se récria aussitôt :

— Non, il était seul quand je l'ai rencontré. Déjà divorcé depuis longtemps. Je n'ai fait de mal à personne !

Elle avait vécu dix ans avec lui, le trouvant de plus en plus odieux et péremptoire. Il ne cessait de la rabaisser.

— C'est à ce moment-là que j'ai décidé de créer ma propre agence de voyages. Je voulais me prouver à moi-même que je valais mieux que l'image qu'il me renvoyait de moi. Et faire mentir tous ceux qui pensaient que je l'avais épousé pour son argent.

— Et alors ?

— Ma boîte a très bien marché. Mais tu en as entendu parler aujourd'hui : c'est celle dont s'occupe Malia. C'est moi qui ai inventé le concept.

— L'agence réservée aux femmes ?

— Exactement. Je la lui ai vendue lorsque j'ai monté ma boîte de com.

J'étais sidérée. Voilà déjà pourquoi, dans les conversations, la moitié des allusions m'échappait… Ce voyage de presse était pour la plupart de ses participants l'occasion de retrouvailles. Ils renouaient de séjours en séjours le fil interrompu.

— Tu le connaissais, l'amoureux de Zohra ?

— Oui. Mais toi aussi maintenant, il fait partie du groupe.

— Emmanuel ?

— Gagné ! Je t'en prie, ne dis à personne que je te l'ai raconté.

— Évidemment. N'empêche que ça doit être dur pour elle…

La conversation dériva très vite sur son ex-mari, puis sur Marc. Ils avaient des points communs tous les deux, cette façon qu'ont certains hommes d'humilier les femmes qu'ils aiment, pour mieux les tenir en leur pouvoir. Leur goût de la domination. Leurs colères subites lorsque leur compagne ne se conformait pas en tous points à leurs attentes. Leur volonté de la façonner aussi, de lui dicter sa conduite, au mépris de sa propre personnalité et de ses goûts.

— Tu sais, la fille que ton Marc va épouser, je la plains. Elle ne sera pas heureuse avec lui.

Ce n'était pas exactement ma préoccupation.

Le silence revint. Je soupirais dans mon lit, Marc me manquait affreusement, j'en souffrais physiquement. Ne plus pouvoir dormir dans ses bras… Il me caressait les cheveux des heures durant, m'embrassant le front avec une tendresse dont je croyais alors qu'elle serait éternelle. J'avais peur, peur de vieillir et de mourir esseulée. Mon mari m'avait habituée depuis mon adolescence à m'endormir le soir contre un corps chaud et familier, à me croire aimée et protégée. Il me fallait réapprendre la solitude, personne pour me demander si j'étais bien arrivée, personne pour s'inquiéter de mon sort, sinon mes enfants, mais c'était moi qui étais responsable d'eux, et non l'inverse. J'étais comme le chien privé de sa laisse, l'orque qui refuse le grand large après n'avoir connu que le bassin, le prisonnier élargi après tant d'années de captivité qu'il a désappris le goût de la liberté. Et puis j'avais presque cinquante ans désormais, la liberté arrivait un peu tard : je m'étais habituée à mes chaînes. Oppressantes et familières, elles m'évitaient de me poser la question de mon avenir. Des larmes me coulaient silencieusement sur les joues. J'avais le sentiment d'avoir été amputée d'une partie de moi-même.

Isabelle avait dû m'entendre. Ou bien elle avait deviné ma peine. Tout à trac, elle me confia qu'il y avait dans le groupe un homme dont elle savait déjà qu'il était pour moi. Il avait toutes les qualités pour me plaire, il était seul, il aimait les chevaux comme moi, j'allais être fascinée.

Elle refusa de m'en dire plus, préférant me laisser la surprise.

Contrariée par son audace et ce qu'elle supposait de compassion, je passais néanmoins mentalement en revue tous les spécimens masculins que j'avais pu croiser depuis mon arrivée. Impossible d'identifier le prince charmant potentiel. Elle ne prétendait quand même pas me refourguer Emmanuel ? À moins qu'elle ne pense à Bruno, le marcheur solitaire ? Bernard, le routard au long cours, je le trouvais beau, mais il avait au moins quinze ans de plus que moi. Isabelle avait elle-même jeté son dévolu sur un homme de trente ans son aîné, comme Shéhérazade. Elle devait se dire qu'une femme de cinquante ans, cet âge canonique qu'elle n'atteindrait pas avant deux bonnes décennies, ne devait avoir aucune réticence à s'apparier avec un homme de près de soixante-cinq ans, alors que tout le monde trouvait normal qu'un quinquagénaire sorte avec une gamine qui aurait pu être sa fille…

Je poursuivais ma recension. Qui restait-il, au sein du groupe ? Mick bien sûr, mais elle ne le connaissait pas. Je n'avais pas encore repéré tous les participants. Il y avait aussi les Algériens. Pas Mohammed quand même ? Entre deux râleries, il aurait eu le temps de confier à Isabelle que je lui plaisais ? L'hypothèse était fort improbable. À moins que ce ne soit le beau cameraman ? Difficile à croire, quoique… Mais pour le coup, c'est lui qui avait quinze ans de moins que moi.

J'avais beau examiner toutes les hypothèses, je ne voyais vraiment pas. Dans le groupe des VIP ? Plus j'y réfléchissais, plus ma suspicion grandissait. Ça sentait à plein nez le plan foireux. Je décidais néanmoins de lui laisser le bénéfice du doute, bien que l'expérience m'ait appris que ce genre d'initiatives vous valait généralement de cruelles désillusions, lorsque vous preniez conscience de l'image que se faisaient les autres de votre détresse affective. À vous les causes perdues : vous n'alliez pas faire la difficile, en plus ?

Et puis, je n'avais pas envie de me recaser. Je voulais récupérer Marc. Mon Marc. J'avais horreur de la situation de femme divorcée dans laquelle je me retrouvais. Désormais, les épouses se méfiaient de moi comme si je risquais de voler leur cher mari, dont je n'aurais voulu pour rien au monde. Pour éviter toute jalousie déplacée, j'avais pris l'habitude de me tenir à distance des couples, refusant toute situation qui aurait pu prêter à l'ambiguïté. De toute façon, les invitations à dîner s'étaient raréfiées. Un divorce asséchait votre univers relationnel. La plupart de nos anciens amis avaient opté pour le choix le plus utile pour leurs affaires, conservant avec Marc des liens qui désormais me niaient, le recevant avec sa jolie petite compagne qui égayait l'ambiance. Je les imaginais bien jouer au dîner de cons, ricanant après leur départ des bourdes de la gamine. Mon mari, si respecté, était devenu un objet de dérision. Il s'était métamorphosé en un pitoyable Georges Dandin, même si bien des hommes devaient envier secrètement sa bonne fortune et son audace désinhibée.

Continuant à appliquer la loi non écrite qui veut que deux femmes placées ensemble dans un lieu isolé se confient très rapidement leurs préoccupations les plus intimes, Isabelle m'apprit que ses règles avaient du retard. Elle espérait être enceinte. Je m'inquiétais pour elle : l'ex-mari ? Elle éclata de rire. Non, un dresseur de chevaux qu'elle avait rencontré grâce à lui, quand il avait prétendu lui faire quitter Paris pour la garder tout à lui, loin de ses amis. Pour s'occuper, elle avait repris l'équitation… Et elle était tombée amoureuse.

Moi aussi, j'aurais pu tomber amoureuse d'un dresseur de chevaux… J'enviais Isabelle de l'aisance avec laquelle elle avait changé de vie. Mais ses parents, qui avaient déjà mal pris le mariage de leur fille unique avec un homme tellement plus âgé qu'elle, vivaient comme une nouvelle faute ce qu'ils tenaient pour une mésalliance. Étranger en plus ! J'allais m'indigner avec elle quand elle me confia que le dresseur était déjà divorcé et père d'un grand garçon, précision qui me réorienta vers un silence prudent.

— Tu as des nausées ? Tu te sens épuisée ?

Non, Isabelle ne ressentait aucun symptôme d'une possible grossesse. À son âge, j'étais déjà enceinte de mon troisième enfant et je me transformais en centrifugeuse à vomi dès que quelqu'un me parlait après avoir bu une tasse de café. Les haleines chargées, le liquide vaisselle au citron, la poussière, tout était prétexte à d'irrépressibles haut-le-cœur. Chacune de mes grossesses avait été une terrible épreuve. Je me souvenais encore avoir fendu en trombe la foule d'un grand magasin parisien de la rive gauche pour vomir sur le trottoir entre deux voitures de luxe, essayant de ne pas trop éclabousser mon manteau blanc. C'était loin tout ça maintenant : mes règles avaient disparu. J'avais vécu cette étape comme une libération. Enfin débarrassée de la contraception, de la peur des grossesses et des paquets de serviettes périodiques à trimballer en voyage ! Ceux qui prétendaient que la ménopause signifiait la fin de tout étaient des imbéciles ou des ignorants. Des hommes qui redoutaient tellement leur propre vieillesse, comme Marc, qu'ils ne supportaient pas de la voir se refléter dans le corps de leur femme, préférant s'enfuir plutôt que d'accepter une réalité à laquelle ils devraient bien pourtant, un jour ou l'autre, se conformer. Marc ne saurait jamais que ma peau n'avait rien perdu de sa douceur et que je me sentais nettement plus jeune que lorsque je me tordais de douleur une fois par mois, engluée dans des déluges de sang que je n'arrivais pas à endiguer, au point d'avoir l'impression de perdre la santé avec le flux menstruel.

Isabelle avait raison de vouloir mettre un enfant en route sans attendre plus longtemps. Je l'enviais d'en être encore au stade de sa vie où elle pouvait se demander si son ventre abritait ou non un futur bébé. C'était l'époque où Marc était fou amoureux, non de moi, je le réalisais à présent, mais de ma capacité procréatrice. J'étais la femme qui allait lui donner des enfants. J'avais passé des années à leur accorder le meilleur de moi, à les rendre grands, forts et bien dans leur peau, pendant qu'il pouvait se permettre de se consacrer à sa carrière et me tromper allègrement, puisque j'assurais l'intendance. Maintenant les enfants avaient grandi et, à ses yeux, j'avais perdu mon utilité conjugale. Il allait reproduire le même émerveillement avec Shéhérazade, pendant que déclassée, j'étais remisée dans le clan des ventres vides. Anna avait quitté la maison déjà, Romain lui emboîterait le pas l'année prochaine, il me restait Fanny, encore, qu'il me fallait protéger à tout prix de la désertion de son père, à cet âge adolescent où on se demande ce qu'on peut bien faire sur terre. Marc comptait sur moi pour protéger la famille, pendant qu'il s'octroyait le droit d'obéir à ses sens. La jeune Marocaine allait s'empresser de lui faire un bébé, meilleur moyen de le ferrer à vie. Ce gros benêt recommencerait à zéro comme un jeune homme, sans plus penser à celle qui l'avait accompagné sur le chemin de la reconnaissance sociale et de la maturité. Il serait père pendant que je deviendrais grand-mère, tel était le destin des femmes mûres.

6

Lucidité

La nuit fut aussi froide qu'annoncé, mais notre chambre se révéla mieux isolée que je ne l'aurais cru. Je pensais à mes étudiants dans leur sac de couchage, en campement. Peut-être Mick avait-il déjà trouvé à réchauffer l'une des jeunes filles en fleur qui l'avaient tant fasciné ? J'employais chaque minute de conscience à ramasser tout ce qui avait glissé du lit et à rectifier ma position pour ronfler le moins possible, passant du dos au côté comme un niveau à bulle sonore. Isabelle émettait un bruit de petit moteur que je trouvais attendrissant. L'Afrique merveilleuse… Pas pour tout le monde, semblait-il : d'une chambre lointaine me parvenait l'écho d'une altercation. Des hommes s'affrontaient. Ils étaient trop loin pour que je saisisse leurs paroles, mais leur dispute était si violente qu'elle avait dû réveiller toute la forteresse. J'imaginais toutes les chambres aux aguets. Mohammed encore ? Le sommeil me prit de court, alors que j'étais en train de conjecturer.

Je me réveillai bien avant Isabelle, mouillai mes chaussettes en allant le plus discrètement possible dans la salle de bains. Le système d'évacuation avait visiblement des ratés. Puis, je sortis de la chambre pour assister au lever du jour sur le désert. Il faisait encore très froid, mais le soleil commençait à raser le grand erg, irradiant les dunes d'une lumière rosée.

C'était inouï de beauté. L'instant magique qui justifie les voyages, celui où l'on comprend pourquoi les heures perdues dans les aéroports et les avions n'ont aucune importance, tant le dépaysement vous enchante, tant la magie du lieu vous récompense d'être partie.

Je regardais le soleil se lever en me demandant pourquoi j'avais été incapable depuis des mois de savourer cette vie qui s'offrait à moi. Tous ces beaux moments restaient intacts. Je m'étais levée tant de fois avant Marc… Ne sachant pas se réveiller tôt en vacances, il ratait toutes les aurores. J'avais vécu seule tant de levers de soleil…

Emmitouflée dans ce manteau de ski qui m'isolait du froid comme un cocon, je me sentais bien soudain, apaisée, malgré mes pieds mouillés.

La discussion nocturne avec Isabelle, l'amour de mes enfants, qui jamais ne m'avait fait défaut au cours des derniers mois, ce voyage inattendu où je riais beaucoup, finalement…

Et ce désert inouï, à perte de vue, les dunes aux ellipses parfaites, flamboyantes comme des miroirs dans le soleil du matin… La beauté du monde me réconciliait avec moi-même. Ce matin-là, face au soleil qui se levait sur Timimoun, un bonheur paisible me rassérénait, mon premier vrai bonheur depuis longtemps. La vie me réservait encore tant de surprises…

Quand la lumière du soleil fut redevenue blanche et tranchante, je descendis prendre le petit déjeuner avec les autres. Entre-temps, Isabelle s'était réveillée. Elle eut la gentillesse de me préciser que je n'avais presque pas ronflé, mais je ne savais pas quel degré d'abomination renfermait le « presque » et n'eus pas le courage de le lui demander. Je ne cédais même pas à la tentation facile de lui rétorquer qu'elle aussi.

Les tables basses avaient été dressées. Certaines étaient déjà occupées, j'en saluai les occupants, mais personne ne me proposa de m'asseoir. Je m'installai donc à part et, pour me donner une contenance, examinai le petit déjeuner. Aucun dépaysement. Quand vous ne les preniez pas dans un hôtel de luxe, les petits déjeuners en Afrique subsaharienne se ressemblaient tous : café soluble, pain spongieux et fromage fondu. Notre hôte avait agrémenté le trio d'une corbeille de clémentines cultivées dans l'oasis. Et puis des dattes, évidemment.

Je fus délicieusement surprise par le pain : bien qu'huileuse, la kessra encore chaude avait un goût exquis. Je la tartinais de fromage et la trempais dans le café, en bonne fille du Nord, indifférente à ce que les autres pourraient penser. Marc se mettait dans des colères noires quand il me voyait agir ainsi, comme s'il avait été le parangon des bonnes manières.

Décidément le fromage était délicieux. La marque locale s'appelait Satine, des petits triangles en papier argenté qui avaient copié sans complexe leur modèle, sinon que la vache aux anneaux avait été remplacée par une chouette petite Heidi à couettes, courant dans de verts alpages. Je tournais l'emballage dans tous les sens : non, je ne rêvais pas, la Satine était bien fabriquée à Alger, avec le lait des vaches locales.

Isabelle arriva, toute fraîche, ses beaux cheveux lavés de frais. Je fus soulagée de constater que le groupe ne lui réservait pas un accueil plus chaleureux. Elle me rejoignit à ma table. Le café la dégoûtait, elle demanda donc du thé. « C'est bon signe », lui dis-je. Elle mit un doigt sur ses lèvres : « ne dis rien ». Mais les autres membres du groupe nous ignoraient. Eux, le café ne leur donnait pas la nausée, juste la possibilité de redevenir enfin aimables. Je me demandais qui s'était disputé et qui avait couché avec qui pendant la nuit. L'information n'était pas, hélas, inscrite sur les fronts.

Zohra dut noter que je la dévisageais. Agathe, qui partageait sa chambre, n'avait apparemment rien entendu qui puisse alimenter son émission. Toutes deux semblaient surprises qu'Isabelle et moi puissions avoir si vite acquis une telle connivence. Soucieuses de ne pas dévoiler notre faiblesse commune, nous conservâmes un silence prudent.

Tout le monde avait encore rendez-vous chez Moussa, sauf les VIP, une nouvelle fois conviées à de distrayantes occupations. Les Besogneux, eux, devaient justifier l'honneur qui leur avait été fait d'être conviés au voyage : Ferdinand avait décidé que nous plancherions toute la matinée sur des thèmes de réflexions propices au développement de son entreprise. Un colloque dans le désert en somme. Heureusement, Moussa avait prévu des tables – comme mon estomac, mon cerveau n'aimait pas être replié au ras du sol. Les participants devaient se partager en trois groupes, constituer des « tables rondes » disait Ferdinand.

Je choisis celle qui était consacrée à la mise en tourisme de Timimoun. Les questions qui allaient être posées, je les connaissais : comment ne pas reproduire les erreurs d'autres villes oasis, comme Tozeur, devenue un immense dortoir bétonné ? Comment mettre en œuvre, dans cette ville si vulnérable, un tourisme qui ne saccage pas l'environnement et bénéficie aux populations locales ? Le sujet préoccupait visiblement tous les participants : notre « table ronde » réunissait plus des trois quarts des présents, journalistes, voyagistes, étudiants, mais aussi tous ceux que les tour-opérateurs internationaux appelaient, je venais de l'apprendre, les réceptifs, leurs correspondants sur place, ces agences locales qui accueillaient concrètement les touristes ayant acheté leur voyage en France. Aisément reconnaissables à leurs djellabas et leurs chèches, les réceptifs se tenaient debout, campés derrière les Français, et on les sentait à la fois intéressés et agacés par cette prétention qu'avaient des étrangers de vouloir leur apprendre leur métier. Mais ils avaient trop besoin des avions de Ferdinand pour manifester ouvertement leur mauvaise humeur.

Bernard animait la rencontre. Il était prévu que je le seconde puisque j'incarnais le savoir académique. Je me tournais vers mes étudiants et Juan prit la parole en leur nom. Ils avaient travaillé avec application, comme s'ils voulaient mériter leur voyage.

— Le tourisme responsable, c'est celui qui crée des revenus sur place, permet une véritable expérience culturelle et préserve l'environnement, donc l'avenir, récita-t-il sous l'œil approbateur du groupe.

Le handicap de l'Algérie, poursuivit-il, était en l'espèce sa chance : avoir été si longtemps tenue à l'écart des flux touristiques internationaux par le terrorisme lui avait permis de ne pas basculer dans le tourisme de masse, qui avait tellement dégradé les côtes tunisiennes.

Mes étudiants firent ensuite des exposés de présentation. Avant de partir, je les avais départagés en quatre groupes : certains travaillaient sur Timimoun, d'autres sur Tozeur en Tunisie, ravagée par la bétonnisation, d'autres encore étudiaient Atar en Mauritanie, où Ferdinand posait ses avions chaque semaine. Les derniers comparaient Timimoun à Ghardaïa, l'autre ville oasis algérienne. À Atar, les avions de Ferdinand avaient apporté des revenus, mais la ville vivait suspendue au cordon ombilical du tourisme, en un précaire équilibre que la menace islamiste compromettait. Il suffisait que le ministère des Affaires étrangères français place la région en zone rouge pour que l'activité économique s'effondre. À nouveau désœuvrés, les jeunes grossiraient les rangs des chômeurs de Nouakchott. Ou pire, ceux des mouvements terroristes qui avaient choisi comme base arrière le Sahara depuis que les Américains les pourchassaient en Afghanistan.

Ils expliquèrent les uns après les autres comment le tourisme pouvait sauver ou saccager les territoires selon les choix d'aménagement. Leur sérieux à tous me mettait du baume au cœur. À leur âge, j'étais infiniment plus dissipée… Eux avaient conscience d'appartenir à la génération sacrifiée, il leur faudrait jouer des coudes pour exister sur le marché du travail. Personne ne les attendait. Je les regardais avec affection, ces petits jeunes si lisses et si parfaits, qui essayaient de donner le meilleur d'eux-mêmes.

Les réceptifs s'agitaient. Un vent de fronde soufflait en leur sein. Ils voulaient s'exprimer. Moussa particulièrement, animé d'une sorte d'agressivité rentrée, comme s'il détenait une vérité que pas une seule personne présente ne pouvait transmettre mieux que lui. C'était un homme sec, le visage marqué, labouré par le vent du désert. Je réalisais que depuis mon arrivée, je n'avais pas rencontré une seule personne obèse, ou même grosse. Le vent de sable nettoyait tout, l'isolement imposait la frugalité. Mais, je l'avais remarqué la veille au soir, beaucoup de nomades sucraient leur thé à la menthe avec ces petites pastilles d'édulcorant qui s'étaient imposées en Occident : beaucoup souffraient de diabète. La nourriture riche et sucrée de la modernité ruinait en quelques années leurs organismes habitués à l'ascétisme.

Pour éviter que Moussa n'implose de colère rentrée, Bernard lui donna la parole.

— Ici on sait trouver des solutions. Vous parlez des capacités d'hébergement ? Nous, nous pouvons nous adapter à tout ! Ça fait des années qu'on a appris à se débrouiller tout seuls. Mais il faudrait que nous puissions surmonter tous les problèmes qu'on rencontre ici !

Tous les autres Algériens opinèrent vigoureusement du chèche. Je ne comprenais pas. Pourquoi Moussa parlait-il par périphrases ? Qu'avait-il à dire ?

Bernard continua à distribuer la parole à ceux qui la demandaient. Moussa s'agitait de plus en plus. Je n'en compris la raison que lorsqu'un petit homme demanda la parole. Il se présenta : c'était le représentant officiel du ministre du Tourisme. Un fonctionnaire envoyé par le gouvernement. Voilà pourquoi Moussa avait fait preuve d'une telle prudence oratoire ! Dans ce pays, la population avait appris à se méfier autant des uniformes que des islamistes.

L'officiel expliqua que l'Algérie misait désormais sur le tourisme, que six pôles d'excellence avaient été identifiés, dont la région des oasis, et particulièrement Timimoun, capitale du Gourara, que le pays voulait doubler le nombre de touristes reçus avant dix ans.

Un autre guide demanda la parole. Vêtu entièrement de blanc, du turban à la robe, il ne transigeait à son option vestimentaire que par des lunettes de soleil noires plantées sur le sommet de son chèche, comme une Tropézienne en vacances. Son nom était Bachir.

— Notre problème, ce sont les tracasseries policières. Quand un avion de cent cinquante pax débarque à cinq heures du matin et qu'il n'y a qu'une seule personne à l'aéroport pour vérifier les passeports, le débarquement prend trois heures ! Quand on demande aux touristes de faire des déclarations de devise, quand on leur interdit d'emporter une bouteille remplie de sable…

— Comme si on allait vider le Sahara ! s'exclama Moussa.

Tous les Algériens éclatèrent de rire.

— Et quand on leur confisque la rose des sables qu'ils viennent d'acheter ! Et dans un magasin officiel en plus ! ajouta un autre guide.

Bachir avait libéré les langues comme si le représentant du ministère s'était volatilisé. Je lui jetais un coup d'œil : conscient d'être en minorité, il fumait compulsivement. À mon avis, les réceptifs ne perdaient rien pour attendre. En Algérie comme à Cuba, les généraux contrôlaient depuis longtemps le secteur touristique : les compagnies aériennes, certains hôtels, les locations de voitures… tout leur appartenait. En s'aventurant sur leur terrain, Ferdinand prenait des risques et il le savait. Il allait les obliger à une concurrence qui lui vaudrait des animosités tenaces.

Pendant que Bachir continuait d'exposer ses difficultés logistiques, je me penchais vers Bernard : « C'est quoi, un pax ? » Il me répondit que c'était le nom donné aux passagers des avions, leurs clients en un mot.

Emmanuel interrompit Bachir assez brusquement.

— Et les visas ! Moi j'habite à cent kilomètres de Pau. Chaque fois que je veux aller en Algérie, je dois perdre une demi-journée pour aller déposer mon passeport. Puis trois jours plus tard, il faut revenir pour le récupérer. Parfois, le consulat est fermé, on ne sait même pas pourquoi ! Une journée de boulot perdue. L'Algérie ne peut pas espérer développer son tourisme avec de telles pratiques !

Moussa, qui n'attendait visiblement qu'un prétexte, se mit en colère :

— Et nous, tu crois que c'est mieux ? Quand on veut venir dans ton pays et qu'on n'arrive pas à obtenir de visa ? Quand nos enfants se voient interdire l'accès au territoire français…

Emmanuel ouvrit la bouche, mais Moussa lui cloua aussitôt le bec :

— N'émets surtout aucune objection : on a tous été français avant vous ici !

Un rire général accueillit la saillie. L'argument avait fait mouche. La guerre d'Algérie continuerait à jamais à polluer les consciences. Je pensais à mon père qui se réveillait toujours la nuit en hurlant, sans jamais vouloir parler de ce qu'il avait vécu. J'avais vu des photos de lui, jeune lieutenant encore moustachu, en tenue de camouflage dans les Aurès. Combien de septuagénaires avaient été appelés comme lui à vingt ans, pour faire leur service militaire au profit d'une guerre coloniale… Trois ans en Algérie. Une jeunesse gâchée. J'étais née à la faveur d'une de ses rares permissions. Qu'est-ce qu'il était fier de ma naissance ! Il n'arrêtait pas d'exhiber ma photo de bébé blond bouclé à son régiment. À l'entendre, j'avais toutes les qualités. Ses hommes le charriaient : « Alors, lieutenant, elle va bientôt passer le bac, votre fille ? » Cinquante ans plus tard, pour la première fois de ma vie, je découvrais ce pays qui avait marqué sa vie. Comme je comprenais Moussa !

Zohra fit remarquer que le très ancien circuit des oasis pouvait être aisément réactivé en lançant des auto tours – les touristes louent une voiture et partent seuls, selon un circuit prédéterminé et des hôtels réservés… Personne ne réagit, mais l'imposant convoi militaire qui nous avait été imposé à notre arrivée à l'aéroport était dans toutes les consciences. Le Sahara était en train de devenir un immense terrain d'expérimentation pour les trafics en tous genres : armes, drogues et, de plus en plus, enlèvement d'otages occidentaux, considérés comme d'excellentes monnaies d'échange. Une famille avait été assassinée l'année précédente en Mauritanie. Lancer des touristes seuls dans leur voiture particulière sur les routes sahariennes relevait de l'inconscience…

— Ils ne pourront pas se passer de guide, dit Bachir, résumant le sentiment général.

— Encore faudrait-il qu'ils soient formés. Et qu'ils sachent parler français !

Comme à son habitude, Victoire s'était exprimée avec détermination. Elle connaissait son métier sur le bout des ongles, Victoire, celle qui avait recruté Ferdinand avant de tomber amoureuse de lui et de décider de partager son existence mouvementée. Il l'avait envoyée en avant-poste en Algérie pour qu'elle prépare son implantation touristique. Depuis deux mois déjà, elle trimait sur place sans ménager ses forces. Victoire était une femme frêle, de ces roseaux d'acier à la volonté inébranlable derrière une apparence physique fragile. Quand elle m'avait avoué un jour qu'elle avait dépassé la soixantaine, je n'en étais pas revenue tant sa peau était lisse, son visage juvénile, son corps presque adolescent. Le temps semblait n'avoir pas de prise sur elle, tandis que Ferdinand s'était dégradé à vue d'œil en quelques années, avec son tabac et son mode de vie frénétique. Il n'en continuait pas moins à plaisanter avec les femmes comme s'il n'avait rien perdu de sa séduction. Et il n'avait jamais épousé Victoire. Pourtant, la connivence qui unissait ces deux-là ne s'était jamais érodée. Une forme de complicité intellectuelle et d'entente sur l'essentiel, qui résistait aux aventures sexuelles et à l'éloignement géographique. J'aurais tellement aimé que Marc et moi bâtissions la même… Mais on ne réécrivait pas l'histoire. Il fallait prendre acte du présent et essayer d'en tirer les conséquences de la manière la moins préjudiciable pour tous, et d'abord pour mes enfants.

Un air de cavalerie me fit sursauter, comme si on me rappelait à l'ordre. Ce n'était qu'un téléphone. J'avais remarqué qu'ici, comme en Mauritanie, les portables devaient se singulariser par une sonnerie tonitruante. Aucun autochtone ne mettait jamais son téléphone en silencieux. Et il ne décrochait qu'après un nombre respectable de stridences, probablement destiné à ce que l'ensemble de l'assistance puisse apprécier la mélodie choisie.

Emmanuel avait vu ma réaction, il me chuchota que c'était une question de standing : être appelé alors qu'on est en réunion montre que l'on est un personnage important. Que tout le monde entende bien l'appel faisait partie des conventions sociales.

Il me parlait penché vers moi de façon si proche que j'avais l'impression que son long nez allait me caresser la joue. J'hésitais entre me rejeter en arrière, ce qui l'aurait sans doute vexé, ou supporter stoïquement cette proximité troublante. De l'autre côté de la table, Zohra ne perdait pas une miette du spectacle. Peut-être devais-je mordre sauvagement le bout de l'incroyable tarin, histoire de faire comprendre à Emmanuel qu'il devait garder ses distances ? J'écartais sagement l'hypothèse. Mes étudiants n'auraient pas compris la réaction de leur professeur et surtout, je voulais finir le voyage en bonne harmonie avec le groupe.

La table ronde s'éternisait : tout le monde avait décidé de donner son avis. Un réceptif accusa le tourisme de produire beaucoup de déchets. Victoire le coupa sauvagement :

— Alors là, il faudrait d'abord balayer devant sa porte ! Ce n'est quand même pas de leur faute si le Sahara est une décharge !

Elle avait raison. La route entre l'aéroport et la ville était jalonnée de sacs plastiques. Le désert fonctionnait comme une île : ce qu'on y abandonnait restait indéfiniment, sans jamais se dégrader ni être emporté. Les touristes arrivaient avec la conscience qu'il leur fallait laisser une empreinte la plus légère possible, brûler leurs ordures, emporter les piles usées, ne rien laisser derrière eux. Mais la palmeraie, comme les rues de la ville, était jonchée de détritus. Peut-être au contraire la venue de touristes inciterait-elle les habitants à plus de respect ?

Les étudiants reprirent la parole. Ils avaient visité la palmeraie la veille et l'avaient découverte en mauvais état, dégradée, en partie abandonnée. Juan se fit accusateur : comment pouvait-on délaisser ainsi de telles richesses ?

— C'est vrai, nos jeunes n'ont plus envie de travailler la terre, soupira Bachir.

— Ils préfèrent se faire de l'argent facile grâce aux touristes, renchérit un réceptif qui avait lui aussi les dents très jaunes et tachées, comme beaucoup de ceux que j'avais rencontrés depuis mon arrivée.

— Victoire a raison : il faudrait d'abord qu'ils sachent s'exprimer en français ! jeta Moussa, qui avait dû reconnaître en la compagne de Ferdinand une alter ego.

— Les jeunes ne veulent plus parler la langue du colonisateur. Ils apprennent tous l'anglais, ajouta Bachir.

— Mais tous les touristes qui débarquent au Sahara arrivent de France ! s'exclama Zohra. Et ils sont obligés de parler en anglais aux Algériens s'ils veulent se faire comprendre ! Vous vous rendez compte du paradoxe ? Marchander dans les boutiques en anglais !

— De toute façon, pour ce qu'on trouve dans les boutiques… commença Emmanuel.

Il se ravisa devant le regard noir que lui lança Moussa. Je n'avais pas encore vu l'artisanat local mais je comprenais bien ce qu'il voulait dire. Moi aussi, j'avais expérimenté ailleurs les objets dits traditionnels, fabriqués en Chine pour répondre à l'idée que les étrangers se faisaient du folklore local. J'avais vu des didgeridoos chinois à Alice Springs, des pulls tricotés mains chinois au Québec, des pinatas chinoises au Mexique… Pourtant Timimoun me semblait encore bien peu touristique pour motiver les chaînes de fabrication chinoises. J'en fis malencontreusement la remarque.

— Tu te trompes. Les Chinois arrivent en masse depuis qu'on a trouvé du pétrole à Timimoun, m'asséna Victoire.

Fauvette prit la parole. J'adorais cette étudiante, brillante, appliquée, toute en délicatesse, avec son visage de porcelaine.

— Est-ce qu'on ne devrait pas mettre en œuvre des chantiers de travail pour réhabiliter les foggaras et les ksars ?

« Ksour ! » brailla la moitié de l'assistance. Déjà émue par son intervention devant ce public si inhabituel pour elle, Fauvette s'empourpra. Mais elle ne lâchait pas prise, mêlant l'obstination des bons élèves à l'inconscience des timides. Assis à côté d'elle, je voyais que Juan l'encourageait à parler, il s'était bien gardé d'intervenir lui-même sur l'épineuse question.

— D'accord, ksour, pardonnez-moi. On pourrait favoriser une sorte de tourisme humanitaire. Les touristes seraient heureux de donner un coup de main.

Je la regardais avec attendrissement. Pouvait-il exister des foggaras chinoises ? Après tout, pourquoi pas…

Moussa s'énerva :

— Il ne faut pas confondre tourisme et humanitaire ! On n'a pas besoin qu'on nous fasse la charité ! Et puis croire qu'on va réhabiliter les foggarir avec juste de la bonne volonté, c'est n'importe quoi… Il faut de vrais connaisseurs, pas de l'improvisation et de l'amateurisme.

Les réceptifs acquiescèrent vigoureusement, et nous, nous n'osâmes pas protester. Satisfait, Moussa claqua dans ses doigts. Aussitôt ses employés se précipitèrent avec du thé à la menthe, des dattes, des petits gâteaux, tandis que je voyais surgir des burnous les petites boîtes de faux sucre. En quelques secondes, la table ronde fut transformée en salon de thé. Au doigt et à l'œil. Comme souvent au Sahara, les domestiques étaient traités comme des êtres inférieurs, des esclaves serviles et silencieux.

Ferdinand, qui avait dû prendre du bon temps avec les VIP, finit par arriver. Jusque-là, il avait laissé Victoire représenter le couple et l'entreprise. En constatant combien son colloque avait attiré de participants, son visage s'éclaira.

L'heure tournait, nous fûmes donc conviés à restituer le contenu des débats par une synthèse finale. Toute la mécanique des colloques parisiens avait été reproduite dans cette oasis saharienne. Seule différence : face aux six personnes invitées à « la tribune » garnie de coupelles de dattes et de petits verres ouvragés, la centaine de personnes présentes s'étaient accroupies ou assises à même le sol, en fonction de l'état de leurs articulations, sur des tapis berbères. Leur scrupuleuse attention m'émerveillait. Ferdinand m'avait déjà emmenée en Mauritanie deux ans auparavant pour un exercice similaire. Il aimait bien avoir quelques intellectuels inféodés, qu'il ne rémunérait jamais ou parcimonieusement, à coups de voyages de presse au cours desquels il était entendu qu'ils devaient mériter leur pitance en dégorgeant du cerveau.

Sauf qu'entre ce premier voyage en Mauritanie et celui-ci, ma vie avait été bouleversée. Mon mariage avait explosé en même temps que les espoirs que je nourrissais de faire grandir mes enfants dans une famille unie. Marc était au même moment dans un quelconque club de vacances avec sa belle, pendant que les enfants attendaient mon retour à la maison. Il nous laissait désormais nous débrouiller seuls, après nous avoir surprotégés pendant si longtemps, comme si nous courions de graves dangers que lui seul pouvait écarter. Cette attention de tous les instants nous avait rendus tellement dépendants de lui ! Et voilà qu'elle apparaissait à présent infondée, puisqu'il pouvait si brutalement se détourner de nous. Comme si sa sollicitude excessive n'avait été qu'un simulacre d'attachement, la façon qu'il avait de nous prouver un amour qu'il ne ressentait pas au fond, puisqu'il pouvait du jour au lendemain recommencer une autre vie en nous laissant au bord du chemin. Il avait suffi d'une sirène pour que tombe le masque du preux chevalier protégeant sa famille.

Le désert balayait mes faux espoirs. L'évidence s'imposait à moi, clairement : il ne reviendrait jamais. Pendant des mois, j'avais continué de croire qu'en dépit de toutes ces péripéties, il était impossible que nous nous quittions vraiment. Cette conviction m'avait empêchée de regarder autour de moi. J'avais refusé de voir la réalité en face car c'eût été admettre que les trente ans qui venaient de s'écouler avaient été bâtis sur un malentendu, que j'avais gâché ma jeunesse en m'engageant dans une impasse amoureuse, que je me retrouvais seule au seuil de la maturité, devant tout reconstruire alors que tant d'années s'étaient écoulées.

Je secouais la tête pour chasser ces mauvaises pensées. À côté de moi, Emmanuel éclata de rire.

— Dis donc, Boucle d'or, tu as failli me casser le nez !

Boucle d'or ? Mais il se prenait pour qui, celui-là ?

Enfin, il fut temps de déjeuner. Nous prîmes place autour de la tribune, prestement métamorphosée en table de restaurant. Les serveurs nous apportèrent une soupe exquise. Croyant être aimable, je dis à Moussa que sa chorba était délicieuse.

Il réagit comme si je l'avais giflé.

— Ce n'est pas une chorba, madame ! C'est notre soupe traditionnelle.

Aïe, j'avais encore fait une gaffe ! Dans ces cas-là, on s'enferre en croyant se rattraper. Je ne faillis pas à la règle.

— Mais il y a bien du mouton dedans non ?

Moussa prit l'air doublement offensé.

— Pas du tout. Il n'y a pas un gramme de viande. C'est du blé vert que nous faisons griller, des épices et des aromates.

Bon, pardon. J'aurais juré pourtant que l'appétissant brouet contenait toutes sortes de produits carnés. Mes filles auraient adoré, elles qui avaient décidé toutes deux de devenir des végétariennes militantes parce qu'elles ne supportaient pas la souffrance animale.

Après la fausse chorba, nous eûmes droit au traditionnel couscous, délicieux lui aussi, mais je ne fis aucun commentaire : peut-être qu'ici le plat ne s'appelait pas couscous, comme au Maroc, inutile de commettre un second impair. Marc adorait le couscous, il allait pouvoir en manger toute sa vie maintenant.

Pendant le repas, j'observais du coin de l'œil les rapprochements qui s'étaient opérés lors des vingt-quatre premières heures de notre séjour. C'est incroyable comme les choses allaient vite, au sein d'un groupe contraint à la promiscuité, dans un territoire clos et éloigné du quotidien. Chez les étudiants, les choses étaient très nettes : Fauvette, soulagée d'avoir survécu à son intervention, se serrait avec tendresse contre Juan, dont je n'aurais jamais pensé qu'il puisse s'intéresser à une fille aussi discrète, aussi vraie. Le groupe comptait quelques brunes incendiaires qui auraient dû le magnétiser.

Mes étudiants, je les avais fuis depuis notre arrivée, leur laissant totalement la bride sur le cou, et pas seulement à cause de l'ordre de mission sans frais : les filles avaient l'âge de la sirène qui avait séduit Marc ; je voyais bien l'effet qu'elles exerçaient sans le vouloir sur les hommes mûrs du groupe. Emmanuel, Mick, Ferdinand, Bruno… tous étaient ravis de compter parmi eux ces jeunes filles en fleur, toutes fraîches, candides et souriantes.

Comment imaginer que mon mari, si fort, si respectable, ait pu se laisser aller à coucher avec une étudiante ? Nous n'appartenions pas au même monde que ces gamins, ils auraient pu être nos enfants. Une génération nous séparait d'eux. Je n'arrivais même pas à comprendre ce que pouvait être la nature des conversations que mon ex-mari avait avec Shéhérazade. Ils n'avaient strictement rien en commun, si ce n'est peut-être une commune attirance amoureuse. Ou sexuelle. Mais même elle représentait pour moi une énigme.

Moi, j'étais vis-à-vis de ces jeunes leur professeur, respectée je crois, et j'allais devoir les noter. La familiarité aurait brouillé les repères. L'un des garçons m'avait m'appelée par mon prénom le matin même, chose que je détestais : ils commençaient ainsi, puis vous proposaient le tutoiement, puis venaient contester leurs notes et votre façon de faire cours. Et vous vous trouviez pris au piège de votre propre faiblesse. Mes étudiants n'étaient pas mes amis, ils étaient mes élèves, j'étais pour eux la voie qui devait leur permettre d'acquérir un diplôme et, je l'espérais, un travail. Comment imaginer tirer parti de leur dépendance à mon égard pour la transposer sur le marché des relations sexuelles ? Il m'aurait paru indécent, scandaleux même, de jeter un seul regard sur les garçons du groupe, aussi séduisants soient-ils, comme Juan. J'aurais eu honte de moi, honte de l'image que je donnais.

Marc n'avait pas observé cette distance. Il avait jeté son dévolu sur la stagiaire, sans même réaliser que son statut social faussait la relation qu'il nouait avec elle. Elle n'avait pas vu l'homme, mais le patron. Cet homme de pouvoir l'avait fascinée comme un chef, comme un père, et Marc avait profité de cette fascination, la muant en une relation qui reposait dès le départ sur un malentendu. Tout le monde connaissait le magnétisme que les hommes mûrs exerçaient sur les gamines. C'était à eux de les protéger de leur propre faiblesse, non de l'exploiter sans vergogne. En couchant avec le patron, elle prenait du galon, la petite étudiante qui se cherchait une place dans le monde. Mais elle s'abusait elle-même sur les véritables motifs de son attirance.

Dans le monde de Marc, ce monde de pouvoir et d'argent, on pouvait séduire une gamine et tout plaquer pour refaire sa vie avec elle sans que personne ne soit choqué. L'attirance viscérale et immédiate était plus importante que l'attachement solide, ancré, le chemin de vie partagé avec une compagne des bons et des mauvais jours. Je n'en finissais pas de me demander comment l'homme que j'aimais avait pu exercer un tel choix.

7
Vertiges

Le programme consistait à présent à nous entasser de nouveau dans les autobus : ils devaient nous amener à plus d'une heure de route, là où se déroulait le Festival des musiques du monde organisé par le ministère du Tourisme. Les musiciens qui avaient voyagé la veille avec nous s'y trouvaient déjà. J'allais peut-être revoir le bel Argentin.

Je me retrouvais assise près d'Emmanuel dans l'autobus, Zohra l'encadrait de l'autre côté. Maintenant qu'Isabelle m'avait expliqué la situation, je voyais bien à quel point ces deux-là avaient conservé du passé un lien particulier. Zohra ne cessait de provoquer Emmanuel, le taquinant, le mettant en cause, recherchant son attention. Lui paraissait ravi.

— Allez Zohra, avoue que tu ne peux pas te passer de moi !

Piquée au vif, la jolie brune se rencogna vers la fenêtre. Je ne sais pas quel but Emmanuel visait avec cette réflexion, mais à sa place, j'aurais évité cette maladresse. Rembarré sur son flanc gauche, il se tourna vers moi, histoire de se donner une contenance.

— Ils sont sympas, tes étudiants.

— Oui, très. J'ai une excellente promotion cette année. Ils travaillent énormément.

— Même pour nous, c'est intéressant. Leur vision des choses, leur façon d'appréhender le développement touristique. Ce sont des géographes, n'est-ce pas ? Je ne savais pas que la géographie donnait cette approche. Du coup, je regrette de ne pas avoir été plus attentif au lycée. Il faut dire…

Je l'interrompis, sachant à l'avance ce qui allait suivre.

— Que la géographie que tu as apprise t'a découragé. Les listes de chiffres, l'accumulation de faits et de noms à apprendre par cœur, c'est ça ?

Il acquiesça en riant. Cette discipline avait été massacrée par l'école. Je me lançais dans mon antienne préférée, la défense acharnée de mon métier.

— La géographie, il n'existe pas une façon plus passionnante, plus complète, de connaître le monde !

— Si. Le tourisme.

— Mais le tourisme n'est profitable que si on a fait un peu de géographie avant...

— D'accord, je m'incline ! Tu voudrais bien m'apprendre ? J'aurais rêvé d'avoir un professeur de géographie comme toi...

Aïe. Zohra allait me haïr. Sans répondre à Emmanuel – à son tour d'être vexé, solidarité féminine oblige –, je me tournais vers la fenêtre. Le paysage était d'une monotonie prévisible : du sable, du sable, du sable. Parfois un rocher. Très rarement un dromadaire isolé. J'aperçus quand même un homme enturbanné, marchant seul dans cette immensité. Les déserts périurbains ne sont jamais vides, il suffit d'arrêter sa voiture quelques instants pour voir surgir de derrière les dunes une cohorte d'enfants. Autour de Timimoun, qui avait su exploiter les eaux souterraines du plateau auquel elle était adossée, un cordon de villes oasis avait fleuri. Entre chacune d'entre elles, les hommes se déplaçaient, échangeaient, traversant des étendues désolées en sachant que la vie et l'eau les attendaient derrière les dunes. Les Berbères noirs du Sahara s'étaient longtemps affrontés en clans rivaux, jusqu'à ce que les Arabes viennent leur imposer leur paix. Il subsistait de cette période des villes fortifiées, les fameux ksour, juchés sur des promontoires rocheux – à force d'entendre les initiés rectifier sauvagement les malheureux qui osaient commettre l'erreur, j'avais enfin compris :

on disait un ksar, des ksour, une foggara, des foggarir, comme un spaghetto, des spaghetti, et celui qui se trompait était un ignare fini. Chaque monde possédait ses rites et son vocabulaire, évidents pour ceux qui en faisaient partie, hermétiques aux autres, jusqu'à ce qu'ils entrent enfin dans l'arène, ce système de hiérarchies et d'allégeances qui finissait par les avaler. Je voulais rester en dehors des arènes.

Les silhouettes décharnées des ksour nous surplombaient tandis que nous avalions le goudron vers notre improbable destination. La plupart tombaient en ruines, et leurs murs rouges se mêlaient à la roche dont ils avaient été extraits, sans qu'on puisse toujours discerner où commençait la fortification et où finissait la montagne.

Comme les foggarir, les ksour faisaient partie du patrimoine architectural de la région, de ce qui la rendait unique et magique. Et comme les foggarir, les ksour tombaient en ruines. Si le tourisme ne justifiait pas leur remise en état, ils disparaîtraient à jamais.

À l'horizon, se profilait une torchère, éclat de feu qui miroitait comme un mirage au-dessus des dunes. On avait trouvé du pétrole non loin. La rente noire allait-elle éclipser les autres sources de richesse ? Ruiner l'agriculture, concurrencée par des produits étrangers dont on pourrait financer sans peine l'importation avec l'argent du pétrole ? Détruire la palmeraie, dont la mise en valeur demandait un travail harassant, désormais délaissé pour des activités plus lucratives ? Le pétrole risquait d'entraîner le saccage du paysage par une norias de camions, de chevalets et de bâtiments d'exploitation. Ce qui était vécu comme une bénédiction par les habitants du Gourara, la perspective de s'enrichir enfin, pouvait provoquer la mort d'une civilisation bâtie sur la pénurie. La malédiction de l'or noir avait tué tellement de régions en Afrique, depuis le delta du Niger, transformé en dépotoir le plus pollué du monde, jusqu'aux forêts primaires du golfe de Guinée, irrémédiablement saccagées par les derricks ! Elle avait entraîné la guerre et l'exil des peuples nomades au Soudan et au Tchad, sacrifié l'agriculture du Nigeria, transformé le Gabon en un émirat profondément inégalitaire… J'admirais le gouvernement algérien de souhaiter désormais bâtir l'avenir de son pays sur d'autres revenus que la rente pétrolière. Nous roulions vers un festival qui incarnait cette ambition, créer de la culture dans le désert, faire vivre ces étendues arides autrement qu'en les vidant de leur sang noir.

Les minibus s'arrêtèrent soudain. En quelques secondes, les policiers se déployèrent autour de nous. Il s'agissait de nous montrer une grotte. Les

VIP faisaient clairement la gueule. J'appris qu'on leur avait déjà fait le coup la veille et qu'ils connaissaient. Je suivis le groupe.

Une grotte effectivement, juste sous un ksar. La grotte était grande, profonde, sableuse. Bref, c'était une grotte. Je finis par comprendre qu'elle avait servi de refuge lors des invasions, puis d'abri pour les pèlerins en partance pour La Mecque. Bon, très bien. Objectivement, il n'y avait strictement rien à voir.

Si, d'énormes araignées, qui s'enfuyaient à notre approche, effrayant certaines dames. Pour leur complaire par son grand courage, l'un des Importants s'amusait à les pourchasser. Il en écrasa une, énorme, juste devant nous. Détestant la cruauté gratuite, je frémis, mais Zohra m'avait devancée, une fois de plus.

— Malheureux ! On ne tue pas les araignées !

— Ah bon, et pourquoi ? rétorqua le type avec arrogance. Ne me dites pas que vous faites partie de ces stupides écolos…

Je rentrai la tête dans les épaules. Il ne fallait jamais provoquer Zohra.

Gagné ! La fureur déformait son joli visage. Emmanuel l'avait blessée tout à l'heure, il fallait que quelqu'un prenne.

— Si, et je le revendique !

Je m'éloignai pour ne pas écouter la suite, et tombai sur Moundir qui marmonnait dans son coin, l'air aussi contrarié que Zohra. Curieux : je ne l'aurais jamais pris pour un farouche défenseur de la biodiversité.

Mais non, en fait : il m'expliqua que les araignées étaient sacrées dans l'islam car elles avaient sauvé le prophète. Pourchassé par ses ennemis, il s'était réfugié dans une grotte comme celle-ci. En constatant qu'une énorme toile en barrait l'entrée, ses poursuivants avaient poursuivi leur chemin. Depuis, les bons croyants se devaient d'épargner les araignées. Malia intervint : « Chez moi au contraire, on les écrasait toujours : ma grand-mère disait qu'une araignée dans la maison éloignait la fortune. »

Un petit groupe se forma instantanément autour de Moundir et elle, confrontant avec fougue les différentes interprétations du Coran. Le prétexte des araignées céda rapidement la place à un débat général sur des points de doctrine controversés, dont le ton montait à mesure de la dilatation des protagonistes, de plus en plus nombreux, de plus en plus échauffés. Plus loin, un petit groupe s'était formé autour de Zohra et s'affrontait avec passion sur les vertus et les limites de l'écologie.

Je remontai dans l'autobus pour y réfléchir à mon aise. J'avais fini par m'habituer à son odeur et je m'y sentais bien, tranquille, le front contre la vitre, perdue dans mes pensées. La dernière fois que Marc était venu à la maison, c'était pour emmener les enfants à la mer, plantant Shéhérazade à Paris puisqu'ils ne voulaient pas la voir. N'osant manifester leur colère à leur père, dont ils redoutaient plus que tout qu'il ne les abandonne à leur tour, ils avaient consenti à ces vacances pour maintenir le lien avec lui, navrés pour moi certes, mais c'était une des principales conséquences du divorce que d'obliger chaque parent à se coltiner en solitaire des vacances conçues pour réunir les familles. Ils n'y pouvaient rien.

Marc avait bourré la voiture de tous les ustensiles que nous emmenions chaque fois à la plage, des combinaisons de surf à la glacière remplie à ras bord. Le coffre dégorgeait. Quand il faisait les bagages pour ses enfants, leur père envisageait toutes les hypothèses : le froid, la pluie, la faim, la maladie, le soleil, l'ennui. Désormais, il en manquait une, ma présence. Comme s'il fallait s'excuser, mon ex-mari avait confié à la vieille copine que j'étais devenue la promesse que Shéhérazade lui avait extorquée : se tenir loin de moi. La sirène devait douter de son pouvoir pour craindre ainsi les retours de flamme lorsqu'elle ne pouvait pas veiller au grain. Mais, et cette soumission me blessait presque autant que son départ, Marc obtempérait dès qu'elle fronçait les sourcils, tellement surpris de sa bonne fortune qu'il en était devenu un peu caniche.

Je m'étais réfugiée dans la maison pour ne pas les voir partir.

— J'ai mis les provisions à l'avant, comme avec maman, avais-je entendu Marc lancer à Anna au moment où claquaient les portières.

Emportant mes enfants, la voiture était passée sous ma fenêtre, avec ses pneus qui crissaient sur le gravier. J'avais résisté à l'envie de courir comme une dératée pour la rattraper. Puis le silence était revenu, me laissant seule, allongée sur mon lit, le ventre noué, paniquée par le temps qui s'ouvrait devant moi comme un précipice. J'avais l'impression que mon cœur allait s'arrêter.

Pour tromper ma douleur, je m'étais lancée dans la familiarisation d'un cheval délicat que nous avions eu tort d'acheter sur un coup de tête, commettant l'erreur qui consiste à choisir une monture sur son apparence physique plus que sur ses qualités profondes. Erreur hélas bien répandue si j'en jugeais par les décisions récentes de mon mari. Mais le cheval se révélait malheureusement moins conciliant que la sirène et me donnait du fil à retordre.

La semaine avait ainsi fini par s'écouler, heure après heure, remplie d'occupations dérisoires comparées au seul souhait qui m'animait : rejoindre ma famille, affronter avec eux les vagues de l'Atlantique, dîner tous ensemble le soir au restaurant, comme avant.

Les organisateurs sonnèrent la fin de la visite, ou plutôt des débats, qui menaçaient de tourner à l'émeute. Le petit troupeau, encore tout frissonnant de ses joutes oratoires, fut invité à regagner les véhicules, dûment encadrés par l'escorte militaire. Nous expérimentions le tourisme aquarium : cent cinquante benêts transportés dans des cages de verre sécurisées, qu'on ouvrait à intervalles réguliers pour leur administrer à doses mesurées la quintessence des merveilles locales.

Étrangement, j'avais récupéré Joël, qui s'était volatilisé à notre arrivée en Algérie. Il devait s'ennuyer chez les Importants. Je jetais un coup d'œil derrière moi : au fond de l'autocar, Emmanuel et Zohra étaient assis l'un à côté de l'autre. Zohra me jeta un coup d'œil de défi. Je lui souris, ce qui la prit au dépourvu, confuse soudain.

L'autobus n'avait pas encore démarré que Joël reprenait déjà l'inépuisable saga de ses aventures africaines, comme si nous n'avions pas quitté l'avion. Dans une autre disposition d'esprit, j'aurais pu prendre plaisir à ses intarissables anecdotes. Là, j'écoutais distraitement, en acquiesçant mécaniquement par pure politesse, précaution parfaitement inutile d'ailleurs : comme tous les vrais bavards, Joël n'attendait rien d'autre qu'une présence dotée d'oreilles. Ma tête dodelinait au rythme de sa voix et des cahots de la route et j'avais peur de m'endormir sous ses yeux, ce qui aurait quand même été grossier.

Le chemin vers le festival semblait ne jamais finir. La nuit allait tomber. Mise à part la grotte, nous n'avions rien fait de la journée, sinon débattre avec componction de la mise en tourisme d'un territoire que nous ne connaissions pas.

Une sonnerie discrète me tira de ma torpeur. C'était mon téléphone portable qui venait miraculeusement de capter le réseau et récupérait mes mails, je ne savais comment. Ou plutôt si, je savais : loin du désert mythique qu'il avait incarné du temps de Saint-Exupéry, le Sahara était devenu un territoire quadrillé d'observations satellitaires, sous écoute permanente. Pas étonnant que mon portable s'y active plus facilement que dans ma maison isolée, plus isolée que jamais d'ailleurs, maintenant que les grands allaient partir et que le mari avait déserté. Les dunes étaient truffées d'antennes relais, de militaires en embuscade et de trafiquants divers, drogues, armes, terroristes, passeurs sans scrupules qui abusaient chaque année des milliers d'Africains, abandonnés en plein désert après avoir été scrupuleusement pillés…

Au-delà du fatras habituel généré par Internet, l'un des courriels attira mon attention. Oubliant que Joël me parlait, je le lus avec incrédulité. L'arrière-fond sonore avait cessé d'exister. Le message émanait d'une femme dont le nom m'était parfaitement inconnu. J'aurais dû en avoir entendu parler pourtant : elle m'informait qu'elle avait été la maîtresse de Marc pendant des années. Une liaison passionnée à l'en croire, et qui les faisait se rencontrer plusieurs fois par mois.

Pourquoi m'écrivait-elle ? Elle me donnait la clé à la fin de son message : la liaison de Marc avec sa petite Marocaine l'avait rendue folle, d'autant qu'il la lui avait soigneusement cachée les premiers mois. Sacré Marc, je le reconnaissais bien… Maintenant que la date du mariage approchait, la fille avait voulu entrer en contact avec moi. Pour me parler, établir entre nous, j'imagine, une complicité soudée par notre commune infortune. Le clan des ex en quelque sorte.

Le mariage ? Quel mariage ? Elle devait faire erreur. C'est vrai, dès le début, Marc avait parlé d'épouser Shéhérazade. Mais j'avais réussi jusque-là à repousser l'échéance, persuadée qu'il se lasserait très vite.

J'avais juste oublié un détail, majeur : si ma légitimité d'épouse avait longtemps canalisé ses pulsions en les maintenant dans une sphère de clandestinité, en divorçant, je lui avais donné son ticket de sortie. Shéhérazade n'avait plus qu'à cueillir le fruit. Voilà que je payais le prix de mon intransigeance. Poussé vers la sortie, Marc se précipitait vers une autre famille. La nouvelle me donnait envie de crever. Comment pouvait-il se hâter ainsi ?

Et puis, comment cette fille tenait-elle cette information ? Pourquoi Marc avait-il préféré avertir la maîtresse que l'épouse ? Il n'avait même pas osé m'appeler pour me prévenir… Lui qui avait si souvent déclaré que le mariage était la plus grande erreur qu'il ait jamais commise ! « Celle qui me remettra la corde au cou n'est pas encore née, je peux te le garantir. Je me suis fait piéger une fois, mais pas deux. » Pendant notre mariage, j'entendais ce genre de formules humiliantes au moins une fois par mois. La femme devait se tromper.

Je me tournai vers Joël et lui dis que j'avais mal à la tête, qu'il veuille bien m'excuser. Nullement perturbé, il se tourna immédiatement vers son voisin de droite sans même ralentir le débit. Au tour de Bruno.

Pour réfléchir à mon aise, je me rencognais contre la vitre. J'avais froid partout, des fourmillements dans les membres. En un seul message, je devais digérer deux informations qui me donnaient également la nausée. Qui pouvait être cette femme ? Jamais je n'avais soupçonné Marc de mener ainsi une double vie. Je me doutais qu'il s'offrait du bon temps. Des aventures sans lendemain, aussitôt oubliées, croyais-je. Mais non, pendant des années, il avait eu une maîtresse régulière, suffisamment installée dans sa vie pour qu'elle puisse se rebeller de le voir se marier. Une fille qui préférait m'apprendre son existence plutôt que de subir l'humiliation d'avoir été traînée dans la boue par cet homme, dont je mesurais un peu plus combien il s'était joué de moi pendant des années. J'avais été bien crédule. Et dire que par souci d'honnêteté je l'avais informé de ma liaison avec Mick ! Et qu'il était alors entré dans une rage folle, me traitant de tous les noms comme si je l'avais ignoblement trahi.

Pourtant, je l'avais bien peu fréquenté, Mick, comparé à tout ce que j'apprenais peu à peu. J'aurais vraiment dû nourrir moins de scrupules… Mais je ne voulais pas que mes enfants souffrent de cette aventure : la priorité, c'était eux, cela avait toujours été eux. C'était peut-être justement ce choix que m'avait fait payer Marc, lui qui avait coutume de dire que lorsqu'un couple avait des enfants, soit il sacrifiait le couple, soit il sacrifiait les enfants. J'avais fait passer mes enfants avant lui. Aujourd'hui, je ne regrettais rien car ils étaient toujours là, eux, près de moi, fidèles à leur mère, solidaires avec elle dans la rupture.

Marc allait se marier. Un mariage imminent. L'information tournait et retournait dans ma tête, me faisait battre les tempes. Elle devait faire erreur. Imaginer qu'une autre femme puisse dire « je suis l'épouse de Marc », l'homme avec qui j'avais partagé trente ans d'espoirs, de rires, de deuils, la naissance des enfants, leurs premiers pas, nos joies quand il décrochait une promotion professionnelle, un meilleur salaire qui allait permettre de rembourser l'emprunt pour la maison, le bonheur que nous éprouvions à écouter ensemble Fanny jouer du piano, regarder Anna monter à cheval, Romain marquer un but… Comment une telle complicité avait-elle pu s'évaporer ? Comment avait-il pu trahir à ce point ? Ce n'était pas possible !

J'essayai de lui envoyer un message pour connaître la vérité. La fatigue et l'énervement me firent m'y reprendre à plusieurs reprises. Quand enfin il fut rédigé, le réseau avait disparu. J'en aurais pleuré de rage. Ne surtout rien montrer aux autres. D'un seul coup, j'étais ravalée au rang de toutes celles que Marc avait menées en bateau. Moi qui croyais que, malgré son foudroyant démon de midi, il m'aurait au moins conservé le respect dû – croyais-je – à l'épouse de toujours, je venais de découvrir que sur cette question aussi, il me faudrait abandonner toutes mes illusions.

Je sursautai. Ferdinand venait d'intercaler sa tête entre Joël et moi pour nous parler. Je n'avais pas vu qu'il s'était assis juste derrière nous.

— Les militaires viennent de me déclarer persona non grata, nous apprit-il, avec l'air bravache de celui qui s'est habitué à franchir les obstacles et finit par les aimer.

Je fis un effort pour paraître intéressée, ce qui était inutile car Joël surjouait pour nous deux. Nous apprîmes que le gouvernement algérien ne pardonnait pas à Ferdinand d'avoir osé modifier le programme prévu, emmenant ses invités visiter des lieux qui n'avaient pas été inscrits préalablement au programme. Ses autorisations de vol étaient sérieusement compromises. La ficelle paraissait un peu trop grosse : les militaires ne voulaient pas de concurrence. Toutes les dictatures finissaient toujours par se ressembler. À Timimoun pourtant, nous avions eu l'impression de déambuler librement, mais nous étions sans doute espionnés. Peut-être même nos guides étaient-ils à la solde du régime. L'Algérie acceptait de s'ouvrir aux touristes, mais elle les voulait obéissants, domestiqués, ne faisant surtout pas preuve de leur libre arbitre. Avec Ferdinand, elle était mal partie. J'espérais qu'on ne lui couperait pas les ailes trop tôt. En tous cas, pas avant que notre avion reparte et que nous atterrissions sains et saufs à Paris.

Ferdinand ne paraissait pas particulièrement affecté par l'ostracisme qui le frappait une fois de plus.

— J'ai demandé à Victoire d'aller négocier avec les autorités. Elle sait s'y prendre.

Pauvre Victoire… Encore une fois, c'est elle qui allait se coltiner le sale boulot ! Si Ferdinand affichait le flegme de ceux qui savent que rien ne peut jamais les atteindre, ni les contretemps, ni les contrariétés, ni la maladie, c'est parce qu'il surmontait tout grâce aux femmes qui l'entouraient et qu'il envoyait toujours en première ligne.

8

Désillusion

Les minibus ralentissaient. La densification des uniformes nous indiqua que nous touchions au but. Sur la ligne d'horizon, un alignement sans fin de tentes bleues, comme un camp de réfugiés, si ce n'est que celles-ci faisaient face à une immense scène de spectacle, incongrue au milieu du désert. D'immenses projecteurs, déjà allumés bien qu'il fasse encore jour, éclairaient le no man's land comme des miradors. L'étrangeté du lieu me mit mal à l'aise.

Nous descendîmes des véhicules un peu nauséeux et courbaturés après ce long trajet. Le soir tombait déjà. Un immense flamboiement qui jaillissait au creux d'un repli sableux attira notre attention. Les conjectures allaient bon train. Un incendie ? Des torchères isolées, au ras du sol ? Braquant les jumelles qu'elle n'avait pas quittées depuis le début du voyage, la femme d'un VIP nous renseigna enfin : des feux. Un alignement de feux de joie. Pourquoi ? Elle scrutait le brasier pendant que nous attendions sa réponse.

En l'observant, avec sa saharienne beige multi poches repassée de frais, son foulard artistiquement noué autour du cou, ses chaussures de marche élégantes et ses petites jumelles noires, qui devaient à elles seules coûter plus cher que l'autobus brinquebalant de notre accompagnateur, je me dis qu'elle avait dû acheter en prévision de ce voyage une panoplie complète de touriste transsaharienne, tout droit sortie des caisses du Vieux Campeur.

— Vous les apercevez, les lions ? demanda aimablement Emmanuel, sans que personne puisse déceler son ironie, sinon Zohra qui éclata de rire.

— C'est incroyable ! lui répondit la dame avec un ravissement horrifié. Il y a des carcasses en train de cuire ! Des centaines !

— Ce sont les moutons que nous faisons rôtir en votre honneur, précisa Moundir.

Tout le cheptel ovin du Gourara avait dû y passer. Le méchoui du siècle. Pour leur festival en plein désert, les organisateurs avaient vu grand.

Face à nous se dressait une immense forteresse noire. Elle aurait été sinistre sans les alignements de drapeaux, de caracos, de guirlandes qui tentaient de l'égayer. Une foule indifférenciée se pressait au pied des murs sombres, des hommes encore et toujours, curieux, empressés. Nous débarquions un peu paumés, ne sachant pas très bien ce que nous faisions là et où aller.

Joël se pencha vers moi avec la mine d'un conspirateur.

— Tu sais que c'est ici que Bigeard torturait ?

Le frisson de l'exotisme effectivement. Je déambulais au milieu de la foule, un peu hagarde, croisant des personnages étranges. Hindous en tenue de cérémonie, brillant de mille feux, les hommes en turban, si apprêtés qu'ils ressemblaient à des travestis, les femmes en sari multicolore, diadème sur leurs cheveux de jais et anneau dans la narine. Je pensais immédiatement à Shéhérazade : il s'en serait donné à cœur joie, Marc, dans un tel vivier de beautés orientales, qui relativisait avec cruauté l'unicité exceptionnelle de sa poupée. Des Indiens d'Amérique du Nord, en coiffes à plumes et tenue traditionnelle, passèrent près de moi, magnifiques. Derrière eux, j'aperçus, à ma grande joie, les Argentins de l'avion, le beau brun avec sa longue chevelure blanche et sa troupe. En me reconnaissant, ils me sourirent gentiment. Je les imaginais depuis la veille dans ce drôle d'endroit. Ils avaient dû être surpris en arrivant.

Le spectacle n'avait pas commencé mais on entendait répéter les différentes formations un peu partout dans la forteresse, en une cacophonie qui s'accordait au désordre ambiant. Tout le monde se côtoyait, flânait, grimpait sur les remparts pour admirer le paysage. Il n'y avait pourtant rien à voir, si ce n'est au loin, très loin, le cordon dunaire du grand erg, à perte de vue, grandiose, porté à l'incandescence par le dernier flamboiement du soleil couchant. La lumière déclinait, le froid montait. Il ne se passait rien, que du brouhaha et de l'agitation sans but, les gens rentraient et sortaient, paraissaient désœuvrés ou au contraire hautement préoccupés, sur fond de chants, tambours, crécelles, guitares, et autres sonorités non identifiées.

J'étais montée sur les remparts pour échapper au chaos du bas. Je voulais être seule pour mobiliser ma mémoire à mon aise, me repasser le film de toutes ces années où Marc vivait cette liaison dont je ne savais rien. Mais j'avais beau tourner et retourner mes souvenirs dans tous les sens, rien ne surnageait. Peut-être quelques absences un peu trop prolongées, mais rien de plus. Il avait été très fort de mener ainsi une double vie. C'est Shéhérazade qui allait être heureuse. Marc la trompait déjà autant qu'il m'avait trompée, ce qui en un sens me rassurait : quand un homme ne se satisfaisait pas d'une femme aussi jeune et aussi amoureuse qu'elle, quand, malgré sa bonne fortune, il avait encore besoin d'aller éprouver sa séduction ailleurs, c'est qu'il avait l'infidélité congénitale.

Mon téléphone portable avait retrouvé le réseau. Plutôt que Marc, j'appelai aussitôt Anna pour lui raconter ce que j'avais appris. Elle se mit en colère. La colère était devenue la seconde nature d'Anna depuis que son père sortait avec une fille de son âge.

— Et alors ? Ne me dis pas que tu es prise au dépourvu ?

Je bafouillai quelques explications, qui l'agacèrent un peu plus encore :

— Maman, dis-toi qu'avec papa, tu dois t'attendre au pire. Il te réservera toujours de mauvaises surprises. Et quand tu croiras que c'est fini, il y en aura encore une autre. Tu devrais vraiment tourner la page, une fois pour toutes.

J'essayai de protester, d'expliquer à Anna que c'était surtout la curiosité qui me guidait, mais elle n'était pas dupe. Elle savait que pas une minute ne s'écoulait sans que je ne pense à Marc. Ma fille ne supportait plus que je lui parle de son père. Son intransigeance absolue avait quelque chose de salutaire.

— Laura, dépêche-toi, tu es attendue pour une émission de télé !

C'était Isabelle qui m'appelait du bas des remparts.

Je descendis l'escalier raide et étroit avec difficulté, prenant appui sur le mur à chaque marche. Il n'avait même pas de rampe, les militaires avaient dû juger cette précaution superflue. L'impatience d'Isabelle renforçait ma peur de basculer en avant. J'avais l'impression d'avoir imprudemment gravi une pyramide maya. La dernière fois que cela m'était arrivé, j'étais en voyage au Mexique, avec Marc et nos trois enfants. En haut de la pyramide, je m'étais assise, paniquée par le vide immense, incapable de redescendre les hauts paliers abrupts que j'avais gravis en toute insouciance à l'aller. Marc et Romain avaient dû remonter pour m'aider à combattre le vertige. Fanny et Anna aussi restaient coincées tout en haut, aussi terrifiées que moi. Je me souviens comme j'étais redescendue agrippée à Marc, comme il me faisait face pour que je n'aie plus à regarder en bas, me reposant sur lui avec une confiance absolue, tandis que Romain aidait ses sœurs, tout en se moquant d'elles pour les piquer au vif et les obliger à affronter la descente. Lorsque Marc était rentré de ce voyage au Mexique où je nous avais cru si amoureux, il avait probablement retrouvé cette femme. Et aujourd'hui il s'apprêtait à un grand mariage avec une autre encore. J'avais vécu sur un mythe. J'étais une de ces femmes que les grands prêtres mayas jetaient le soir venu dans les cénotes, ces sombres cavités remplies d'eau noire qui s'ouvraient partout dans le karst du Yucatan. La femme jetée dans la cénote n'avait que ses pauvres ongles pour s'accrocher à la paroi rocheuse et tenter de survivre. Si elle était toujours vivante au petit matin, les prêtres l'interrogeaient : les visions qui l'avaient assaillie durant cette nuit d'horreur, aspirée vers le fond, dans l'eau opaque et profonde, avaient valeur prophétique. J'avais contemplé les cénotes en frissonnant, songeant à tous les drames qui s'étaient noués dans ces puits insondables, aux ossements qu'ils devaient renfermer, au tragique destin de celles qui n'avaient pas pu survivre à leur nuit de cauchemar.

Isabelle considérait ma descente hasardeuse avec un soupçon de commisération. Enfin, je la rejoignis. Elle me conduisit sous une immense khaima où attendaient déjà plusieurs personnes, entourées de tout un aréopage. Je reconnus certains des VIP de Ferdinand, l'ancien directeur d'une télévision française, un présentateur du journal de vingt heures, bel homme dont l'origine algérienne avait valu précocement un brevet de diversité aux chaînes publiques, un éditorialiste célèbre pour ses coups de gueule et son visage de hibou halluciné, qui multipliait les clignements d'yeux en toutes circonstances, comme si les incohérences du monde l'indisposaient physiquement. Il y avait aussi Ferdinand, bien sûr, et deux autres personnes que je ne connaissais pas, dont une belle femme brune sans âge, dont le visage harmonieux captait la lumière.

Isabelle m'expliqua que j'étais réquisitionnée comme les autres pour les besoins d'une grande émission de la télévision algérienne. Elle serait diffusée le jour de l'an, en prime time, sur la principale chaîne du pays. Pas le jour de l'an arabe, ni le jour de l'an berbère, mais notre jour de l'an à nous, qui aurait lieu dix jours plus tard. Il fallait s'asseoir sur de grands poufs et ne pas bouger en attendant le lancement imminent de l'enregistrement.

Nous nous retrouvâmes tous les six à attendre sans trop savoir que faire. Les autres membres du groupe se promenaient, écoutaient de la musique, et nous, nous étions là, bloqués sur des sièges inconfortables et mouvants, tandis que cameramen, journalistes, attachés de presse et autres individus à la fonction indéterminée s'activaient autour de nous à des tâches mystérieuses.

J'entamai la discussion avec le présentateur de télévision et son épouse, qui l'avait accompagné sur ce voyage. Chaque fois que je voyais un couple uni, j'en souffrais intérieurement, pensant à ma famille atomisée, à tous les endroits où je m'étais rendue avec Marc et nos enfants. J'avais ressenti cruellement ce manque en marchant en haut des remparts et voilà que ce couple me renvoyait en toute innocence à mon désarroi.

L'épouse, qui ne pouvait pas deviner mon état d'esprit, continuait en toute sérénité son babil gentiment mondain. Que faisaient mes enfants ? Est-ce que j'avais des animaux ?

— Oui, ma fille élève des skogkatts, des chats des forêts norvégiennes.

Son visage s'éclaira. J'avais appuyé sans le savoir sur le bon bouton. Elle m'apprit que son mari et elle étaient de grands amoureux de cette race. Marc ne voulait pas d'animaux dans la maison, et surtout pas de chats. Il les avait en horreur. Dès qu'Anna avait su qu'il plaquait sa famille pour rebâtir sa vie avec cette fille qui avait son âge, elle avait commencé à acheter des skogkatts, à les installer chez nous, d'abord dans l'ancien bureau de Marc, que nous avions décidé de leur affecter puisqu'il était désormais vide, puis dans toute la maison, signifiant ainsi à son père qu'il n'avait plus sa place dans ce foyer qu'il avait déserté. En quelques mois, Anna avait livré notre maison à des chats norvégiens qu'elle était allée chercher dans des endroits très lointains, démarche que j'avais du mal à comprendre pour des animaux dont l'espèce pullulait à la SPA du coin.

— Maman, comment peux-tu comparer un skogkatt à un chat de gouttière ? déplorait ma fille.

C'est une race que je ne connaissais pas alors. Depuis, j'avais eu le temps de mesurer dans quelle heureuse ignorance j'avais vécu jusque-là. Les chats des forêts norvégiennes se caractérisaient par des oreilles garnies de plumets, un pelage très fourni et une immense queue soyeuse, dressée fièrement vers le ciel. La beauté du lynx. Le caractère aussi, hélas. Et la fragilité des races trop sélectionnées.

Le journaliste et son épouse m'expliquèrent que leur première portée de chatons était décédée parce que leur cage thoracique était trop étroite pour leurs poumons. Je n'étais pas vraiment surprise. Anna avait parcouru six cents kilomètres en un week-end pour faire contrôler les siens ; il n'existait qu'un seul centre en France spécialisé dans l'échographie cardiaque du chat norvégien. Les éleveurs formaient une véritable secte. Ils correspondaient sur un forum spécialisé, où des questions compliquées les occupaient des journées entières, comme la généalogie de leurs bestiaux depuis Clovis ou les maladies génétiques qui les menaçaient et devaient être combattues par un eugénisme militant. Ce qui m'étonnait le plus, c'était l'obstination que mettaient ces passionnés à perpétuer l'espèce, se ruinant sans relâche, alors que n'importe quel chat des rues leur aurait apporté autant de bonheur. Chez nous, il y avait des chats communs adoptés à la SPA, qui vivaient dehors, ne tombaient jamais malades et passaient leurs journées à se demander comment pénétrer dans le paradis qu'incarnait à leurs yeux la maison, et des chats norvégiens cantonnés à l'intérieur pour les préserver, qui rêvaient d'aller occire les oiseaux aperçus par les fenêtres. Il fallait à tout prix éviter le chassé-croisé, sous peine d'une criminelle dilution qui aurait menacé la race d'anéantissement.

Loin d'être anéantis, les nôtres faisaient preuve d'une capacité de destruction massive. Ils avaient à peu près tout saccagé dans la maison, malgré le soin qu'avait pris Anna à la décorer d'immondes arbres à chat géants en peluche vert et violet, qui donnaient à notre cadre de vie un petit air de maison de retraite britannique. Précaution qui ne dissuadait nullement nos pensionnaires de transformer en billard les étagères. Celui qui osait vanter la délicatesse proverbiale du chat n'avait jamais dû élever de norvégiens, ou bien leur domestication était trop récente encore pour leur avoir ôté leurs manières de vikings. J'avais fini par comprendre qu'on ne gagnait jamais face à un skogkatt.

Un jour que j'avais grondé le mâle reproducteur d'Anna, huit kilos déjà – et il n'avait pas fini de grandir paraît-il –, il avait projeté sur moi un liquide chaud et malodorant. Contrariée – il ne fallait pas stresser le norvégien car il pouvait tomber gravement malade – Anna m'avait appris qu'il s'était vidé les glandes anales. Je m'étais mise en colère.

— Anna, ça suffit, je ne supporte plus tes chats ! Trouve-leur un autre endroit !

Elle m'avait lancé un regard de défi.

— Maman, il faut que tu comprennes : si mes chats doivent partir, je pars avec eux.

Je me l'étais tenu pour dit. Mieux valait dix chats norvégiens à la maison que pas d'Anna. Je n'étais pas en position de négocier. Ma fille avait réussi à enrôler Fanny dans sa secte. Quant à Romain, indifférent comme un adolescent, il louvoyait entre les félins sans leur prêter attention, se contentant de verrouiller sa chambre pour éviter les surprises désagréables. Je partageais désormais ma maison avec d'impitoyables chasseurs de mouches qui pulvérisaient tout sur leur passage.

C'était l'époque où j'avais encore Marc régulièrement au téléphone. Malgré son apparente félicité, il ne pouvait s'empêcher de m'appeler plusieurs fois par jour. Chaque fois, en voyant son nom s'afficher sur mon téléphone, j'oscillais entre la joie et la colère. Devais-je m'estimer heureuse d'avoir conservé un lien étroit avec lui ? Mes enfants ne le pensaient pas : en restant si présent dans ma vie, il m'empêchait de tourner la page. Ils auraient voulu que je coupe les ponts, mais j'avais besoin de ces conversations, qui me donnaient l'illusion qu'il était tout proche encore. Lui au moins comprenait mon agacement devant les chats… J'avais commis l'erreur de lui raconter l'incident. « C'est affreux, ces bêtes. Je ne comprends même pas comment on peut s'infliger un truc pareil », avait-il commenté, secrètement ravi peut-être d'enfoncer un coin entre ma fille et moi.

Je comprenais aujourd'hui à quel point j'avais été bernée par sa prétendue complicité. Après avoir vérifié que je tenais encore suffisamment à lui au point de lui confier mes minuscules contrariétés, il retournait se lover dans les bras accueillants de sa sirène. Maintenant que je savais ce qu'il tramait, la façon dont il m'avait menée en bateau, je m'en voulais d'avoir été si crédule. Au lieu de me morfondre dans le manque, j'aurais dû m'estimer heureuse d'avoir été débarrassée d'un tel mari.

9

Délivrance

Le temps s'égrenait lentement. Nous poireautions depuis plus d'une heure maintenant. Autour de nous, les cameramen continuaient à s'activer en tous sens. Les preneurs de sons nous avaient remis à chacun de gros micros – pas de miniaturisation encore, ici. La maquilleuse nous imposait à chacun la même éponge de fard à teint douteuse, qui avait dû essuyer bien des peaux avant la nôtre. Elle tenta de me peinturlurer d'un rouge à lèvres vermillon qui, à travers le prisme de l'écran, m'aurait infailliblement transformée en péripatéticienne enthousiaste. Je refusai énergiquement. Elle se rabattit alors sur un gloss qui avait visiblement connu des jours meilleurs. Stoïque, j'affrontai l'herpès sans oser refuser une fois encore.

C'est alors que la présentatrice fit son apparition en majesté. Incroyablement vêtue d'une tunique brodée qui scintillait de mille feux, comme il se doit en période de réveillon – nous, les bouseux, l'entourions avec nos tenues de tous les jours, qui avaient affronté le sable de la grotte et la poussière du désert –, elle respirait l'autorité de la femme qui a dû piétiner bien des têtes pour y arriver. Petite, dressée sur ses ergots, elle exigea de ses assistants qu'ils aillent imposer le silence dans la forteresse. Pour un Festival de musique, c'était surprenant, mais ses ordres ne toléraient aucune résistance.

Petit à petit, le silence se fit, entrecoupé de chants vite étouffés. La consigne circulait. Lèvres rouge carmin et coiffure lissée au fer à souder, la petite dame se tenait toute droite sur son pouf. Elle toisa le grand éditorialiste qui s'était affalé sur le sien à force d'attendre : « Tenez-vous bien, monsieur. » Surpris, l'homme qui passait ses semaines à éreinter des ministres dans des éditoriaux vengeurs se redressa comme un gamin pris en faute en clignant frénétiquement des yeux.

L'émission ne commençait pas. Il y avait toujours des problèmes. Des problèmes techniques, des problèmes de texte, dont la présentatrice n'était pas satisfaite, des problèmes dans l'assistance, qui s'obstinait à rire, à bouger, à téléphoner. J'essayais de garder bonne figure mais l'accablement me gagnait. Malgré les projecteurs qui m'aveuglaient – au moins j'avais chaud – je devinais dans les coulisses les silhouettes de mes compagnons de voyage, réduits au silence comme les autres. Ils circulaient derrière les caméras en jetant des coups d'œil ironiques aux statues de sel que nous étions en train de devenir. Je surveillais aussi sans relâche mon sac à main, que j'avais confié à la femme du journaliste avant l'émission, et qui l'avait lâchement abandonné par terre, dans l'agitation générale.

Installés à même le sol depuis deux bonnes heures, les Hindous décoraient le plateau de leurs parures étincelantes en manipulant gracieusement de petits pots contenant des teintures corporelles.

— Pendant l'émission, ils vous peindront du henné sur les mains, m'annonça la présentatrice, avec son sourire en fil de fer qui ne tolérait aucune objection.

Impressionnée par sa détermination, j'acquiesçai. Mais plus l'attente durait, plus je trouvais l'idée saugrenue. Je le connaissais, le coup du henné. Les vieilles femmes arabes du village où je vivais en portaient souvent, et puis les jeunes, quand elles sortaient d'un mariage. Un truc marronnasse qui mettait des semaines à s'effacer. On allait me regarder d'un drôle d'œil à Roissy, me demander mes papiers sans barguigner, puisque j'entrerais sans coup férir dans le champ du délit de faciès. Je traînerais mes mains douteuses pendant des jours et des jours. Des esprits mal intentionnés risquaient de s'imaginer que j'essayais d'imiter Shéhérazade dans l'espoir de faire revenir mon mari. Ou, pire, que j'avais assisté à son mariage. Cette idée me révulsa.

— Non, je ne mettrai pas de henné !

Surprise par mon ton, la présentatrice s'inclina immédiatement. À côté d'elle, la belle femme brune m'adressa un signe de connivence, comme si elle approuvait discrètement ma rébellion. Nous nous sourîmes, déjà complices. Cette femme me captivait : avec son visage lumineux, son sourire franc, elle respirait la sérénité. Il était impossible de lui donner un âge, une origine. Elle était juste là, tranquille, attendant que l'émission commence.

Après avoir pris sa respiration et beuglé une nouvelle fois que tout le monde devait se la boucler, la présentatrice prit enfin son envol, souhaitant à chacun une bonne année. L'attente et le stress avaient dû lui peser car elle butait sur les mots, se reprenait, bafouillait. Je compris très vite que sa tâche n'était pas facile : afin de permettre à tous ceux qui l'écouteraient de suivre le fil de l'émission, elle jonglait sans cesse entre l'arabe et le français… J'avais commis la même erreur à propos de Shéhérazade, moquant son orthographe fantaisiste et l'imperfection syntaxique de ses tournures, alors que, comme tous mes étudiants africains, elle devait maîtriser au moins trois langues.

Peu à peu la présentatrice prit la bonne cadence, déroulant le fil de son émission sans plus hésiter. J'admirais sa dextérité. Moussa avait raison : les Algériens avaient été plus français que bien d'entre nous pendant des décennies. Nous l'avions oublié, mais pas eux. Mais nous les refusions chez nous comme des étrangers.

Lorsqu'il dut intervenir, l'éditorialiste se lança dans des considérations glissantes sur la guerre d'Algérie. Tout le monde rentra la tête dans les épaules en attendant l'abominable gaffe, le méchant gadin. Finalement, il réussit à se rétablir in extremis, mais le hibou se réveilla plus que jamais en lui, nous renseignant sur l'état de stress où l'avait plongé son expédition en terres risquées.

Ferdinand et moi nous exprimâmes très peu. Comme les Hindous, nous faisions partie du décor. En revanche, la présentatrice donna longuement la parole à la belle femme brune. J'appris qu'elle était algérienne et « conteuse ». Le terme me parut un peu désobligeant. Comme si la littérature était réduite au folklore dès lors qu'elle concernait les autochtones. J'étais prête à croiser le fer contre la journaliste quand il m'apparut qu'au contraire, elle nourrissait une vraie admiration pour celle qui avait transcrit la culture orale de son pays dans de nombreux livres. Elle s'appelait Nora, prénom que j'avais toujours trouvé d'une beauté universelle.

Nora était devenue la mémoire vivante de l'Algérie, revivifiant une culture en train de disparaître. C'est en berbère, devant la présentatrice conquise, qu'elle souhaita la bonne année aux téléspectateurs fantômes qui nous regarderaient dix jours plus tard.

Les Hindous, qui n'avaient même pas été nommés, se mirent à remballer bruyamment leurs affaires dans un sac plastique orange pas du tout exotique. Parfaitement indifférents à l'enregistrement en cours, ils se levèrent à l'unisson et sortirent en file indienne pleins de dignité offensée.

Ferdinand et moi nous jetâmes un coup d'œil, riant sous cape. Devions-nous les imiter ? Nous aussi, nous avions été malgré nous transformés en potiches ! Mais la voix de Nora m'incita à rester. Sans le savoir, elle m'adressait son premier conte : ne parlait-il pas de ma passion ?

« Un sultan aimait son cheval plus que tout au monde. L'animal fut atteint d'un mal incurable. Au comble du désespoir, le monarque perdit la tête :

Je ferai trancher le cou à quiconque dira “il est mort !”.

Un grand Hakim [1] fut convoqué au chevet du cheval. Il le trouva agonisant, couché sur le flanc, les pieds en avant.

1. Médecin, savant.

Le sultan, torturé par la douleur, attendait le diagnostic. Hélas le cheval rendit son dernier souffle et rejoignit les prairies éternelles de ses ancêtres. Mais comment apprendre la nouvelle au monarque sans y laisser sa tête ?

Le Hakim trouva la parade :

— Sire ! Le cheval s'est allongé et étendu !

Dans le vide ses pieds se sont tendus !

Le roi s'écria :

— Donc, il est mort !

— Sire ! C'est de votre bouche que la nouvelle sort ! »

Tout le monde éclata de rire. Nora reprit les vers en arabe. La musique des mots était plus belle encore. Auréolée du tissu chamarré de l'immense khaima, elle nous incitait au voyage par la simple magie de sa voix. Elle parla ensuite de son enfance berbère, de tous ces contes qu'elle avait entendus enfant et envie de transcrire pour qu'ils ne se perdent pas avec la mort des anciens. La culture saharienne était en train de s'éteindre. Je pensais à toutes ces villes bibliothèques du désert, Chinguetti, Ouadane, Tombouctou, Timimoun… Les civilisations caravanières avaient édifié un pointillé de cités érudites, dont les connaissances avaient nourri la science occidentale. Mais nous avions oublié l'héritage. Il subsistait dans le secret des familles, qui conservaient précieusement des livres anciens, transmis de génération en génération depuis des siècles. Les manuscrits les plus précieux du monde étaient livrés aux insectes, à la poussière, au sable du désert qui s'immisçait partout et noyait les villes. Qui connaissait les trésors du Sahara ? Le monde s'obstinait à évoquer l'Afrique comme un continent sans écriture, sans savoir ce que l'Europe médiévale devait aux civilisations sahariennes. Nora portait en elle l'héritage d'un monde englouti par l'histoire, l'ensablement et l'oubli.

Lorsque l'émission s'acheva, il était plus de neuf heures du soir. Tous ceux qui avaient été contraints à l'impassibilité depuis des heures bouillonnaient sur place. Après un instant d'angoisse lié à la disparition de mon sac à main, je le retrouvais à l'épaule d'Isabelle, toujours attentive. Elle me raconta qu'elle avait eu beaucoup de mal à faire patienter les gens du groupe, exaspérés par l'interminable attente. Je ne comprenais pas :

— Explique-moi pourquoi tout le monde a obéi. Les gens se sont tous tus comme si la télé était toute-puissante. Un festival de musique interrompu pendant quatre heures, tu imagines la même chose en France ?

Elle me chuchota ce qu'elle avait entendu dire : la présentatrice était l'épouse d'un haut gradé algérien, tout le monde la craignait.

Tout le monde, mais pas les invités de Ferdinand : je découvris que pour tromper leur attente, ils avaient éclusé les unes après les autres les bouteilles de pastis rapportées de France, puis une partie du champagne. À moitié ivres, affamés, ils grondaient tels une meute de chiens affamés.

C'est alors que, comme dans un palais de la renaissance, une file de petits mitrons en toques et vestes blanches fit son apparition. Deux par deux, ils transportaient d'immenses plats où les moutons cuits à la broche avaient été disposés encore entiers, saisissants de vérité. Soudain, je reconnus, déguisés, mes étudiants ! Juan menait le cortège avec Fauvette, qui ployait sous le poids de la carcasse. À la demande des organisateurs, tous s'étaient prêtés avec bonne humeur au rituel de la domesticité locale. Peu leur importait de jouer les serveurs, tout était jeu et dépaysement pour eux. Je me dis que jamais des étudiants algériens n'auraient accepté de se livrer à ce qu'ils auraient perçu comme un humiliant simulacre.

Ils posèrent les plats devant les invités. Il n'y avait pour l'instant rien d'autre à manger.

Le premier à donner le signal de la curée fut le directeur de la communication d'une grande entreprise. Il se jeta sur le mouton et en arracha à pleines mains un lambeau de chair, qu'il engloutit aussitôt avec voracité. Un journaliste connu pour sa légendaire distinction et son flegme tout britannique l'imita aussitôt sans faire de manières. Puis Joël. Je restais là, plantée devant ce spectacle orgiaque, ne sachant que faire. À mains nues, indifférents, les invités d'honneur dépiautaient tout ce qui passait à leur portée. Même la dame en saharienne participait à la curée.

En quelques secondes, les carcasses furent déchiquetées, toute la peau grillée, les lamelles bien cuites arrachées et dévorées. Ne restaient plus que les chairs sanguinolentes, là où le feu s'était contenté de lécher le mouton embroché.

— Il n'y en a donc aucun pour connaître les usages ?

Zohra paraissait ivre de rage. Utiliser la main gauche, impure aux yeux de l'islam, était une faute majeure. Elle tourna les talons et disparut. Je restais là, face à la débâcle. J'allais imiter mes filles et devenir végétarienne, finalement.

On me toucha l'épaule. C'était Mick.

— Rejoins-nous derrière les remparts, nous avons un mouton rien que pour nous !

Il s'était enfin souvenu de mon existence ! Je le suivis. Planqué à l'arrière de la khaima, bien dissimulé aux regards, le groupe des voyagistes s'était ménagé sa propre table, couverte de boissons et de nourriture. Ils ripaillaient sans se soucier de ce qui se passait ailleurs, riant entre eux du bon tour qu'ils avaient réussi : détourner un mouton entier, ce n'était pas rien.

Mon téléphone portable sonna. C'était Marc. Je m'éloignai des autres, trouvai un mur contre lequel m'appuyer. La voix de mon ex-mari était agressive.

— Ça va ? Tu prends du bon temps ? J'imagine que tout se passe bien, puisque tu ne juges pas utile de donner des nouvelles aux enfants...

Mon sang ne fit qu'un tour. Comment osait-il me parler ainsi, lui qui avait abandonné sa famille ! Je lui rétorquai vertement que je n'étais partie que trois jours, moi. Il se radoucit aussitôt : comme toujours, ma colère le mettait de bonne humeur ; si je m'énervais, c'est que j'étais jalouse et que je l'aimais toujours.

— Je constate que tu es toujours dans d'aussi bonnes dispositions d'esprit.

— Marc, est-ce que c'est vrai que tu vas te marier ?

Je perçus immédiatement son trouble au téléphone. Fidèle à une tactique que je connaissais bien, il tenta d'abord une diversion.

— Je te l'ai dit depuis le début. Je vais épouser Shéhérazade. Les enfants et toi m'avez mis dehors, assumez-en les conséquences.

— Marc, comment peux-tu dire ça ? Tu sais très bien que personne ne t'a mis dehors. Réponds-moi : est-ce que la date de ton mariage est arrêtée ?

Il se mit en colère :

— Ça ne te regarde pas. Fous-moi la paix !

— Si, ça me regarde Marc, parce que je dois préparer les enfants.

Je lui avais répondu le plus calmement possible. À son silence, je compris que j'avais visé juste. J'insistais.

— Marc, tu ne peux pas taire une chose pareille. Quand te maries-tu ?

— Dans trois semaines.

Je vacillai sous le choc.

— As-tu réalisé que ton mariage tombe pile au moment où Anna fêtera son anniversaire ? C'est ton cadeau, c'est ça ?

Il resta interdit quelques secondes, réalisant l'ampleur de sa bourde, puis opta pour l'attaque.

— Oh, arrête avec ton chantage minable ! Je fais ce que je veux. Je suis libre. Libre, tu m'entends ?

— Tu l'as toujours été, Marc. Tu sais que j'ai reçu aujourd'hui le mail d'une fille qui m'apprend qu'elle a été ta maîtresse pendant des années ?

Il ne broncha pas.

— Je ne vois même pas de qui tu parles. Comment s'appelle-t-elle ?

— Je ne sais pas. Elle m'a écrit sous un pseudo.

— Et tu la crois ? Mais tu crois n'importe quoi, ma pauvre fille !

— N'empêche que c'est elle qui vient de m'apprendre ton mariage. Que tu viens de me confirmer. Elle est bien renseignée, non ?

— Tu m'emmerdes ! De toute façon, ça fait trente ans que tu m'emmerdes. Tu m'auras gâché toute ma vie ! Laisse-moi tranquille maintenant, j'ai du boulot. Tu me fais perdre mon temps.

— Je te rappelle que c'est toi qui as appelé. Écoute-moi bien, Marc : si tu te maries, c'est comme si tu mourais pour moi. Jamais plus je ne te reparlerai. Après tout ce que tu as dit sur le mariage, après tous les engagements que tu avais pris auprès de nous, cette nouvelle est la pire des trahisons.

J'entendis au bout du fil une petite voix lointaine, contrite, comme un gamin pris en faute.

— Je suis obligé.

— Obligé ? Elle est enceinte ?

— Non, c'est à cause de toi.

— À cause de moi ?

— Oui, tu l'as trop insultée. Elle dit que son honneur est en jeu maintenant.

— Marc, tu ne vas pas tomber dans un piège pareil ! C'est cousu de fil blanc !

Il se remit en colère.

— Je fais ce que je veux de toute façon. Je suis divorcé ! Tu n'as plus rien à me dire !

À mon tour, je perdis mon calme. À mon tour, je me mis à hurler au téléphone.

— Mais tu n'es qu'un idiot ! Tu es en train de faire fausse route. Arrête tout de suite, pendant qu'il en est encore temps !

Pour toute réponse, il me raccrocha au nez. Je sentais la rage me submerger, comme ces derniers mois, quand j'aurais pu étrangler à mains nues la créature qui s'était immiscée dans ma vie sans même avoir conscience qu'elle fracassait une famille par pur caprice. Marc venait encore de me donner une preuve de son immaturité. De la sienne aussi. Oser invoquer sa responsabilité vis-à-vis de cette gamine qu'il ne connaissait même pas il y a encore six mois !

Je revins vers le groupe en pianotant sur mon portable pour lui expédier un texto rageur.

— Tu te souviens que connard prend deux « n » ? me glissa Mick, tout sourire.

J'éclatai de rire. Il m'enlaça gentiment et me servit une coupe de champagne. Dans un verre en plastique.

— À toi. Dis-toi qu'il ne te mérite pas.

— Il va se marier, Mick.

— Ah, il s'est fait piéger ? Quel imbécile ! Enfin, c'était prévisible.

Mick avait l'air tout content de la nouvelle, qui mettait définitivement Marc sur la touche. Il m'avait toujours trouvée beaucoup trop indulgente à son égard. « Est-ce que tu réalises à quel point il te mène en bateau ? » me répétait-il lorsque nous étions amants et que je lui faisais part de mes scrupules. Contrairement à moi, il avait compris depuis longtemps à quel point mon mari me trompait et, en connaisseur, l'enviait de ma cécité, lui qui affrontait les crises et l'inquisition permanentes de son épouse.

Zohra nous avait entendus. Elle fit mine de se serrer la gorge.

— Dis-toi qu'il a un nœud coulant. Il n'a plus le choix maintenant. Je les connais, les familles.

Après un instant de réflexion, elle ajouta, presque grave :

— Pour lui, les emmerdes ne font que commencer. Dès qu'il sera marié, il va tous les avoir sur le dos. Je peux te dire que chez nous, ça ne rigole pas.

Pour le coup, j'avais presque envie de plaindre Marc. De le mettre en garde. Mick devina mon état d'esprit :

— Tout ce que tu pourras lui dire maintenant ne servira à rien. Ne lui donne pas en plus la satisfaction de croire que tu le regrettes. Joue les indifférentes.

Le téléphone sonna à nouveau. Mick me regarda. Je n'osai pas prendre l'appel. L'appareil s'époumona en vain à plusieurs reprises puis finit par se taire. Je n'osais imaginer la teneur des messages qui m'attendaient sur le répondeur. Sans même les écouter, je les supprimai. J'en avais assez de me faire insulter. Mick avait raison. Après tout, je n'allais pas me gâcher la vie à cause de ce lâcheur.

— Bravo, me félicita-t-il. Tu commences à grandir.

Pour la seconde coupe, Zohra trinqua avec nous. Puis Emmanuel. Bientôt, nous nous retrouvâmes tous à multiplier les toasts sans savoir pourquoi. Prudemment, je me contentais de tremper les lèvres dans mon verre sans rien avaler. J'avais à la fois faim et la nausée.

Tout le monde fut très vite plus ou moins ivre. Malia se mit en tête d'expliquer aux autres qu'elle avait imaginé un nouveau concept pour son agence de femmes :

— Ce seront des voyages à thèmes. Il y aurait les femmes gourmandes, les femmes paresseuses, les femmes aventurières…

Emmanuel l'interrompit, les yeux brillants.

— Oui, les aventurières du sexe.

Je croyais qu'elle allait se récrier, mais pas du tout.

— Exactement. J'en ai connu plein, des nanas qui m'expliquaient que pour elles, le voyage d'aventure, c'était l'aventure du sexe. Elles arrivaient à sortir avec tous les guides pendant leur séjour. C'était automatique. Elles ne s'en cachaient pas d'ailleurs, me déclarant : moi, je pars pour ça. Au

Pérou, j'en ai eu une qui s'est tapé trois guides sur les quatre.

— Cool, ponctua Zohra.

— Tu pourrais peut-être imaginer des voyages sur ce thème ? la relança Isabelle, avec son petit air de jeune fille de bonne famille qui n'attend qu'une occasion pour s'encanailler.

Visiblement, Malia aussi.

— J'y ai déjà pensé, figure-toi. Je pourrai lancer le périple phallique en Cappadoce, les coco fesses aux Seychelles, Madère amoureuse…

Nous l'écoutions tous, fascinés. Il était clair que la plupart d'entre nous avions abusé du pastis et du champagne. Tout le monde s'était déjà alcoolisé méthodiquement pendant mon interminable émission.

— Venez vite, le concert a commencé !

C'est Ferdinand qui était venu nous prévenir, toujours soucieux de la réussite de son voyage de presse.

Je m'aperçus alors que des échos lointains perçaient le brouhaha ambiant. Maintenant que la petite dame autoritaire de la télé avait enfin mis son émission en boîte, le festival pouvait avoir lieu.

Nous sortîmes à la queue leu leu du fort.

— Vous savez que le général Massu utilisait cet endroit pendant la guerre ? dit Agathe.

Je ne rectifiai pas, sans doute avaient-ils dû se relayer pour faire avouer ces fellaghas dont le souvenir continuerait à jamais de hanter mon père. Toute en sensibilité, Agathe avait déjà capté les mauvaises ondes. Ici l'Afrique n'avait rien de merveilleux. Dans la nuit, l'architecture massive, compacte, fermée sur elle-même du fort qui nous surplombait me paraissait maudite. Des hommes avaient souffert ici. Des familles avaient été brisées. Un pays qui revendiquait sa liberté s'était engagé dans une sale guerre dont il n'était finalement jamais tout à fait sorti.

Nous marchions dans le sable en direction de l'immense scène que j'avais aperçue en arrivant. Une foule silencieuse progressait à nos côtés. Des hommes, des militaires, des quidams inconnus dont je ne savais d'où ils arrivaient, tant le lieu paraissait éloigné de tout.

10

Un moment de grâce

Enfin, nous arrivâmes à portée de la scène, étrange théâtre dressé en plein cœur d'un terrain vague, au milieu d'un désert dont la superficie occupait près de la moitié du continent africain. Quelques personnes, qui nous apparaissaient minuscules d'où nous étions encore, y évoquaient au micro les problèmes techniques qui les empêchaient de jouer.

— Tu m'étonnes ! s'exclama Agathe.

L'infinité des tentes, les projecteurs à foison perçant la nuit noire, l'assistance clairsemée, uniquement masculine, l'atmosphère était étrange, comme si nous avions été catapultés dans un no man's land artificiel, à mi-chemin entre le stade de foot et les camps de concentration. Mick avait encore disparu. Notre petit groupe s'était dispersé au sein de la maigre foule et je l'avais perdu de vue.

Décidément, il était dit qu'il ne jouerait pas le rôle que je lui avais assigné dans ce voyage. Mais je ne me sentais pas en danger, dans cette société policière où chacun de nos gestes était épié.

En m'approchant de la scène, je reconnus le groupe argentin. C'étaient eux qui occupaient le plateau. Ils avaient déployé une quantité incroyable de matériel – je comprenais mieux le fatras à l'embarquement. Des tambours, des bâtons de pluie, des banjos, des xylophones... plus un nombre impressionnant d'objets indéterminés, dont ils tiraient les sons les plus étranges : hampes emplumées, branches d'arbre, panneaux de métal, conques, maracas...

Les difficultés logistiques semblant résolues, ils purent commencer leur récital. Musiciens, choristes et danseuses, tous étaient très minces, très bruns. Ils se dépensaient sans compter, mobilisant leurs instruments les uns après les autres en une sarabande endiablée. Les longues chevelures sombres des femmes voltigeaient autour d'elles comme des soleils noirs.

Au centre de ce curieux sabbat, opérait le bel homme aux cheveux blancs. Animé d'une passion qui le transfigurait, il passait des maracas aux percussions sans que jamais ne faiblisse le rythme de ses bras musclés. C'était lui le chef d'orchestre, le maître du ballet. Une force incroyable se dégageait de sa troupe de danseurs et de chanteurs.

— Ah oui, c'est le style los casse-couillos !

Je sursautai. Surgissant de l'obscurité, Mohammed venait de se matérialiser à côté de moi. Toujours d'aussi mauvaise humeur, le journaliste de la télé était enfin sorti de sa réclusion. Ulcérée par sa mauvaise foi, je m'éloignais sans lui répondre.

Sur scène, le percussionniste expliquait que son orchestre allait rendre hommage à la révolution chilienne. Le morceau s'appelait *Lonken.* C'était le nom d'une mine où des mineurs en révolte avaient été emmurés vivants, agonisant des jours et des jours pendant que le pouvoir en place interdisait aux familles de leur porter secours.

La soliste se posta à l'avant-scène. Une femme presque décharnée, au visage de pietà, belle dans sa rudesse dépouillée. La bouche collée au micro, elle entonna a cappella une longue psalmodie. Murmure d'abord, sa voix prit de l'ampleur, s'amplifiant en un chant de désespoir, un long poème lyrique à la mémoire des disparus. Les tambours s'étaient réveillés et accompagnaient sa montée en puissance, scandant le chant avec une violence qui allait crescendo.

Saisi par la force qui se dégageait de la mélopée, mon cœur battait à tout rompre. À la voix âpre, accusatrice, violente, répondaient les cognements sourds des tambourinaires, comme possédés. Le regard halluciné, les mains crispées sur la poitrine, la chanteuse jetait dans la nuit sa longue plainte, rythmée par le martèlement lancinant qui envahissait le désert. Nous vivions avec elle l'agonie des mineurs. Nous étions les mineurs grattant les murs de nos ongles en sang, sentant venir la mort. Nous étions les mères, les épouses, les enfants désespérés, pleins de rage impuissante devant ceux dont l'intransigeance condamnait nos vies à l'inéluctable. La révolte, l'espoir qui s'amenuise au fil des jours, la douleur insupportable de savoir que celui qu'on aime meurt de l'autre côté du mur sans pouvoir le secourir…

Le tintamarre devenait assourdissant, les musiciens frappaient sauvagement sur leurs instruments, la soliste en transes jetait les bras vers le ciel, sautant d'un pied sur l'autre comme si elle avait voulu jaillir de la mine, tendue vers les ténèbres, indifférente à tout ce qui n'était pas son chant. Les mineurs emmurés s'étaient-ils résignés en comprenant que personne ne viendrait les sauver ? Ou au contraire avaient-ils espéré jusqu'au bout, cherché vainement une issue, prié pour le salut de leur âme, pensé à ceux qu'ils ne reverraient jamais ? L'émotion qui se dégageait de ce chant de révolte était si forte qu'elle me submergeait.

Quelqu'un me prit doucement la main. Une main douce, une main de femme. Je me tournai vers elle. Nora. Elle avait vu les larmes couler sur mes joues. Elle m'avait vue pleurer sur les mineurs, sur ma détresse, sur mon couple détruit, sur l'homme que j'avais tant aimé et qui m'avait trahie. Je ne savais même pas que je pleurais. Les larmes qui m'inondaient les joues sans que je puisse en endiguer le flux me semblaient jaillir du plus profond de moi.

Nora m'enlaça, tendre, maternelle. Nous écoutâmes ensemble monter la voix et résonner les tambours. La violence des percussions, la puissance de la chanteuse, le cœur qu'elle mettait dans son hymne à la liberté, dans ce pays où la liberté n'était qu'un lointain souvenir, le silence total de l'assistance autour de nous, gagnée par la force de ce chant de désespoir et de révolte, nous communions tous ensemble dans une profonde ferveur, celle de tous les peuples qui ont été opprimés sans jamais cesser un seul instant de rêver leur libération, celle des femmes qui savent qu'elles devront un jour affronter la solitude, le départ de ceux qu'elles ont aimés, nourris, et qui disparaissent petit à petit de leur vie.

Et puis, soudain, le silence. La chanteuse s'était effondrée, interrompant brutalement le sabbat des musiciens. Petit tas noir recroquevillé sur sa douleur, la femme restait immobile sur la scène, corps meurtri terrassé par l'ultime agonie.

Personne ne dit rien, comme si la foule abasourdie éprouvait le besoin de reprendre son souffle.

Puis ce fut l'ovation. La foule entière n'était que cris, applaudissements, liesse. Les Argentins s'inclinèrent, modestes, souriants. Leur concert était terminé. Il leur fallait déjà remballer leur matériel et laisser place à un autre groupe. Dire que je ne connaissais même pas leur nom !

Comme si elle avait deviné, Nora me chuchota à l'oreille.

— Ils s'appellent « Les frontières du silence », « Fronteras del silencio ».

Nous regardâmes les musiciens ranger méthodiquement leur attirail. Autour de nous, la foule se délitait, maintenant qu'elle n'était plus aimantée par la scène.

Une exclamation nous fit sursauter.

— Venez, on trinque !

Décidément… Les voyagistes qui ripaillaient dans la forteresse s'étaient peu à peu approchés. Ils avaient apporté des bouteilles de champagne et des gobelets en carton. Mick venait de réapparaître, il n'était jamais le dernier à faire la fête, se coulant dans le groupe comme s'il l'avait toujours connu. Tout le monde le tutoyait, même mes étudiants. Il me tendit une nouvelle coupe de champagne.

Par réflexe, je la pris, moi qui ne supportais pas l'alcool.

Nora me jeta un regard insondable et murmura juste :

— Vous ne devriez pas.

Je renversai la coupe dans le sable, qui l'absorba aussitôt. Nora sourit et m'emmena plus loin, à l'écart du groupe. Agathe nous suivit. Elle semblait désapprouver autant que nous la tournure que prenaient les choses.

Le concert avait repris. Des Nigériens, des Touaregs ou des Peuls, je ne parvenais pas à les identifier car j'étais trop loin maintenant pour voir autre chose que leurs silhouettes, braillaient et dansaient sur la scène, brandissant de vieilles pétoires avec des hululements stridents qui m'écorchaient les oreilles. Agathe qui était en train de manipuler ses appareils d'enregistrement devait ressentir la même chose car elle fronçait les sourcils.

Moundir s'approcha de nous, enthousiaste. Depuis la veille, il n'avait pas quitté son turban jaune.

— Vous aimez ?

Nous nous tûmes poliment. Nora échangea quelques mots en arabe avec Moundir. Elle regardait la scène avec sympathie. Son visage respirait la gentillesse, la bonté. Cette femme m'apaisait. Lorsque Moundir s'éloigna, cherchant d'autres convertis, elle m'expliqua que le nomade qui sommeillait en lui avait été retourné par le chant des touaregs, hymne à la liberté, au vent qui pousse les caravanes. Ceux qui chantaient avaient eux aussi vu leurs terres saccagées par le pétrole.

Des éclats de voix nous firent nous retourner. Certains membres du groupe avaient complètement oublié où ils se trouvaient. Ou bien ils avaient atteint ce degré d'ivresse où tout est possible. Ils se donnaient de grandes bourrades, multipliaient les interjections, les rires gras. Dans ce pays musulman où l'alcool était proscrit, les cadavres de bouteilles s'accumulaient sur le sol.

— Regarde !

Mick avait surgi dans mon dos. Il me désigna un jeune Algérien qui subtilisait prestement un magnum oublié au milieu des bouteilles vides. En un clin d'œil, il s'était volatilisé dans la foule avec son butin. « Pas vu, pas pris ! » conclut Mick. Nous éclatâmes de rire.

Le groupe continuait de déboucher de nouvelles bouteilles, les bouchons sautaient. L'un d'eux heurta violemment l'épaule d'un homme en djellaba. Il sursauta sous le choc, furieux, prêt à faire rendre gorge à celui qui l'avait agressé. Comprenant ce qui venait d'arriver, il se retourna aussitôt vers la scène avec un mépris ostensible. Je vis derrière nous un militaire. L'homme savait que nous étions sous protection. Personne n'avait remarqué l'incident. Ils étaient tous trop occupés à se soûler.

Joël avait jeté son dévolu sur une de mes étudiantes, une brune aux gros seins qui portait toujours des polos trop moulants et trop échancrés sans paraître réaliser le message qu'elle envoyait aux mâles de son entourage. Je la voyais se dérober, sans le rembarrer franchement toutefois, sans doute parce qu'elle respectait trop un homme de cet âge pour avoir à son égard ce qu'elle croyait encore être une attitude grossière Elle se contentait de se dégager et de faire un pas de côté. Quand les hommes âgés comprendraient-ils enfin que beaucoup de jeunes femmes les trouvaient tout simplement répugnants ?

— Ça suffit Joël. Tu arrêtes maintenant.

Joël sursauta comme un chien qui aurait touché une barrière électrifiée. Il s'éloigna à peu près de la même façon, l'air piteux et la queue entre les jambes. La fille paraissait aussi gênée que lui. J'avais peut-être empêché un mariage finalement.

Entre-temps, une nouvelle formation avait pris place sur scène. Les guitaristes manouches dont la notoriété était devenue mondiale en l'espace de quelques années. Curieusement gros et trapus, ils ressemblaient à de petits boudins basanés aux panses bien pleines, alignés comme s'ils se livraient à un concours d'estomac. Mais dès qu'ils se mirent à jouer et à chanter, la force de leur musique les transfigura. Leurs doigts véloces tiraient des guitares sèches des rythmes irrésistibles. La foule entrait en transes. Voir ainsi ces hommes en djellabas et en chèches taper des mains, onduler et s'agiter comme les ados dans toutes les soirées du monde avait quelque chose d'étrangement rassurant. La musique gitane unifiait les mœurs, pacifiait les esprits, suscitant dans l'assistance une sorte de communion bon enfant. Il n'y avait plus ni chrétiens ni musulmans, ni Algériens, ni Français, rien que des gens heureux de se retrouver ensemble. Nous avions oublié que nous étions dans le désert… Même le groupe des alcoolisés oubliait de boire pour se trémousser sur les chants tsiganes. Je me joignais à eux. Nora s'éloigna. Elle n'entendit pas que je l'appelais.

Tout le monde dansait. Dans ce moment de bonheur partagé, je regrettais l'absence des femmes algériennes. Pourquoi leurs maris, leurs pères, leurs frères les maintenaient-ils dans le secret des maisons, alors qu'elles auraient sans doute adoré partager ce moment de liesse ? Je ne parvenais pas à comprendre cette culture de la claustration, cette peur de donner leur liberté aux femmes, qui conduisait à les enfermer préventivement. La frustration et la convoitise qui en résultaient aboutissaient au résultat exactement inverse : celles qui s'échappaient de ce carcan devaient faire preuve d'une audace qui ne pouvait s'embarrasser d'aucun scrupule, si j'en jugeais par la façon dont Shéhérazade avait jeté son dévolu sur Marc. Sans paraître le moins du monde perturbé, il m'avait confié que sa petite amie ne voulait absolument pas épouser un homme de sa culture.

— Elle me dit qu'ils sont odieux avec leurs femmes. Et qu'à partir de cinquante ans, ils se tapent tous la bonne ou virent pédé !

Il éclata de rire en répétant la formule de sa bien-aimée. Qu'elle ait choisi d'épouser Marc avec de tels a priori me laissait perplexe. Savait-elle ce que lui réservait l'avenir ? Elle devait vraiment être très amoureuse. Ou vouloir à tout prix échapper à ses parents.

Dans l'obscurité, les corps se rapprochaient. La musique et la pénombre inclinaient à l'audace. Mais les uniformes veillaient à éviter tout débordement. Toujours aussi disparates, ils s'étaient progressivement rapprochés de notre groupe et le serraient de près.

C'est à ce moment-là que Ferdinand arriva, la mine défaite. Il nous apprit que six touristes venaient d'être pris en otage en Mauritanie, alors même que son vol pour Atar allait décoller dans quelques heures.

— Tu vas l'annuler ? lui demanda Bernard.

— C'est trop tard maintenant.

Je savais que la survie de l'entreprise de Ferdinand se jouait sur sa détermination. Il avait bravé le ministère des Affaires étrangères en maintenant ses vols. Alors même que toute la région était classée comme dangereuse, Ferdinand continuait à vendre ses circuits comme si de rien n'était.

— Tu sais que s'il arrive quoi que ce soit à un seul de tes touristes, même un simple vol de portefeuille, ta responsabilité est engagée ?

Ferdinand fusilla Bernard du regard. Il n'ignorait pas qu'il prenait un risque colossal. Désormais les voyagistes devaient prendre en charge les frais de secours si un de leurs clients était kidnappé ou blessé dans une zone à risques. Il ne lui restait plus qu'à souhaiter qu'il n'arrive rien à ces braves retraités, qu'il allait lâcher dans un territoire où les touristes étaient en train de devenir des monnaies d'échange. Les islamistes chassés d'Afghanistan recrutaient de nouveaux disciples au sein de la jeunesse désœuvrée et frustrée du Sahara, l'industrie du rapt devenait pour eux un fructueux moyen de se renflouer. En nous comportant comme nous l'avions fait, nous étions venus les provoquer à leur nez et surtout à leur barbe en toute inconscience.

La nouvelle avait gelé l'ambiance. D'un seul coup, le climat paraissait hostile. Les bouteilles que nous avions abandonnées nous désignaient clairement comme des infidèles, des mécréants.

Emmanuel s'empara d'un grand sac poubelle et tenta de les faire disparaître.

Moundir passa de petits groupes en petits groupes en demandant à chacun de rejoindre les autobus. Mais les Tziganes continuaient à jouer et personne n'avait envie de quitter les lieux, alors que la musique était si entraînante, que tout le monde dansait et s'amusait. L'inquiétude et l'agacement commençaient à se lire sur les visages de nos accompagnateurs.

Finalement, les Algériens se firent autoritaires, repoussant les Français vers les autocars comme un troupeau d'oies. En maugréant, chacun prit place dans les véhicules. On entendait, désormais assourdie, sourdre au loin la musique des Tziganes.

Lorsque tout le monde fut rassemblé, assommé par l'alcool, la fatigue et dégrisé par la nouvelle, une sorte d'accablement tomba sur le groupe.

— On s'est comportés comme de vrais pax, fit remarquer sombrement Emmanuel.

— Même pas : vous avez été bien pires ! Jamais des pax n'auraient consommé de l'alcool comme vous l'avez fait dans un pays musulman. Je vous le dis franchement : moi vous m'avez fait honte.

Celui qui avait parlé ainsi, d'une voix glaciale, implacable, s'appelait Frédéric. Je l'avais à peine remarqué jusque-là car il était toujours en arrière-plan, discret, observant tout avec la même sévérité.

Personne ne lui répondit. Un grand silence régnait dans le minibus. Seul le troublait l'écho lointain de la musique tzigane.

Profitant de ce que nous étions assises très loin de lui, Isabelle me glissa à l'oreille que Frédéric était considéré par les autres comme une sorte d'ayatollah du tourisme équitable. Il dirigeait une agence spécialisée dans des voyages exigeants, longs, toujours dans des milieux difficiles, déserts, montagnes. Ceux qui partaient avec lui se préparaient à marcher des journées entières, sans aucune concession à la facilité, au confort, au folklore. Visage émacié, sourires aussi rares que brefs, Frédéric incarnait à mes yeux une forme de rigueur austère qui ne me déplaisait pas. Jamais il ne cédait à la facilité d'une plaisanterie grasse, à la compromission d'un marchandage ou d'une réflexion lassée contre les autochtones. Frédéric cultivait le silence comme un art. Je lui trouvais beaucoup d'élégance.

Isabelle avait dû deviner mes pensées car elle chuchota :

— C'est à lui que j'ai pensé pour toi.

Frédéric ? Mais quelle image avait-elle de moi ?

— Eh bien ! Je ne vais pas rigoler tous les jours…

Elle pouffa de rire et me précisa que je me trompais : l'homme était délicieux, d'une grande culture, cavalier comme moi, mélomane pas comme moi, libre. Bref, l'homme idéal.

— Seul ? lui demandai-je, commençant à envisager l'hypothèse…

— Séparé, précisa-t-elle. Je t'ai dit : parfait pour toi !

Et si elle avait raison ? J'essayais de me dévisser le cou pour mieux observer Frédéric, mais dans la pénombre, seuls luisaient les méplats de son visage glabre. Observant mon manège, il eut un mince sourire qui me liquéfia sur place. Il était évident qu'Isabelle ne s'était pas contentée de me faire l'article. Elle avait dû aussi jouer les entremetteuses de l'autre côté. Quelle situation embarrassante ! En même temps, il était des rencontres plus provoquées encore qui débouchaient sur du sérieux…

L'attente s'éternisait. Aucun policier, aucun gendarme. Nous étions juste immobilisés en pleine nuit, dans un endroit désert, plusieurs autocars garés en file indienne, seuls. Ferdinand avait disparu. Mes étudiants se trouvaient dans un autre véhicule.

Plus ils dégrisaient, moins les membres du groupe supportaient l'attente. Moi, comme chaque fois depuis le début du voyage, je mettais à profit ces moments de latence pour sombrer dans mes pensées. Ces derniers mois, seul un sommeil de fuite m'avait permis d'accepter la situation.

— J'en ai marre ! Ça fait une plombe qu'on poireaute dans ce car ! Quand je pense qu'on nous a privés du concert en nous disant qu'il fallait rentrer et qu'on se retrouve comme des cons, coincés à attendre, alors qu'il ne se passe rien !

Zohra s'était mise à hurler tout d'un coup. Elle se débondait, en proie à une véritable crise de nerfs.

— On nous avait promis un voyage de tourisme. Du tourisme, on n'en a pas fait ! Je n'ai rien vu, moi, de Timimoun ! Je ne peux rien mettre dans mon article. Rien ! Qu'est-ce que c'est que cette organisation pourrie ? En plus, je me suis fait insulter quand j'ai refusé de rejoindre le car. Insulter !

Personne ne pipait mot, attendant prudemment la fin de l'orage. Zohra était injuste à l'égard de Ferdinand, qui nous avait tous invités, mais elle n'avait pas tort non plus : si les VIP avaient eu droit aux beautés de l'Oasis rouge, nous avions été cantonnés à notre statut utilitaire. J'avais l'impression d'être passée à côté de Timimoun, de n'avoir vu que l'écume des choses, un infime échantillonnage qui me donnait envie de revenir et d'explorer de façon plus approfondie cette ville unique. Et c'était peut-être cela le but de Ferdinand, après tout : non pas nous livrer clés en mains une visite guidée de la région, comme ces fameux pax qui suivraient nos traces, mais nous permettre d'approcher le mystère de Timimoun, sans le dévoiler totalement. C'est à nous qu'il appartenait d'aller plus loin.

— Puisque c'est comme ça, je sors du car !

Joignant le geste à la parole, Zohra fit coulisser la portière avec fracas et se jeta à l'extérieur. Emmanuel se jeta à sa suite. Après un flottement, tout le monde leur emboîta le pas. Je ne bougeais pas : confortablement installée contre la vitre, avec le concert en toile de fond, je pouvais me livrer en toute tranquillité à mes pensées sans embêter personne.

Le groupe s'égailla dans les dunes. Certains dansaient, d'autres fumaient. Il n'y avait aucune trace de la police. Personne. Nous étions seuls dans le désert. Je savourais la musique lointaine, bien mieux assise ici que debout dans la nuit à côté de la scène. J'avais passé une belle journée, rencontré Nora, écouté les Argentins. Mes étudiants avaient fait du bon boulot. Même l'odeur du bus ne me gênait plus depuis que j'avais appris par Moundir que, pour une raison qui m'échappait, le chauffeur le désinfectait au camphre.

Une sonnerie discrète attira mon attention. Mon portable ! Ici aussi, le réseau passait. Il suffisait d'attendre un peu sans bouger pour qu'il revienne. Je fouillai dans mon sac à main. Pas grand-chose sinon les traditionnels textos des amants éventuels, ceux qui réactivent à intervalles réguliers leur cheptel histoire de ménager l'avenir. Je n'y répondis pas. Inutile. Le silence aiguillonnait les séducteurs de façon plus sûre que n'importe quel message.

Mon téléphone captait aussi Internet. J'en profitais pour lire mes mails, éclusant le fatras de publicités et d'envois collectifs qui auraient pu parfaitement attendre mon retour. Je les supprimai sans scrupules, jusqu'à ce que l'adresse d'Anna attire mon attention. J'ouvrais son message. C'était un très long texte.

Maman chérie,

Depuis tout à l'heure, je n'ai pas cessé de repenser à ce que tu m'as dit au téléphone. Tu avais l'air tellement surprise de recevoir le message de cette femme que j'ai compris à quel point tu aimais encore papa : ce message te blessait comme si tu nourrissais encore des illusions à son sujet. Soudain j'ai eu la conviction que si papa te le proposait aujourd'hui, tu reviendrais avec lui, et c'est pourquoi j'ai décidé de t'écrire ce mail.

Je veux te parler franchement, maman, car je crois que tu fais fausse route. Sache que je pense très sincèrement que revenir avec lui serait la pire erreur que tu puisses faire.

Après des années où je t'ai vue pleurer, le maudire, soupçonner tous ses mensonges mais être réduite à l'impuissance, à la rage vaine, à l'insomnie et aux vagues de colère inutiles, où je t'ai vue humiliée, bafouée, insultée dans ton intelligence, ton orgueil, ta beauté et ta féminité même, toujours brimée dans tes aspirations réelles, niée, réduite par le regard qu'il portait sur toi, sur ta vie, sur ton corps, sur ton œuvre, à une caricature que tu rejettes et que tu dénonces, tu as enfin réussi à te libérer de cette perpétuelle dégradation de ton essence même – car ta relation avec lui t'abîmait jusque dans ce qui te constitue, la joie, l'insolence, la liberté, la fierté, la conscience de ta valeur –, tu t'es affranchie et cela dans les meilleures conditions dont on puisse rêver, et je sens pourtant que tu regrettes, et même, que tu serais prête à revenir en esclavage. Tu ne peux pas imaginer à quel point je suis désemparée quand je comprends cela.

Ne crois pas que je sous-estime la douleur qui est la tienne en ce moment. Nous avons toujours vécu en symbiose, je suis une véritable éponge, je ressens tout ce que tu ressens, de manière extrêmement claire et précise. Pas une seconde, je ne nie la difficulté à tourner la page d'un mariage qui a duré trente ans.

Et malgré cela, malgré cette souffrance que je ne cherche absolument à minimiser, je suis entièrement convaincue que tu ne dois pas (jamais !) revenir avec lui.

Souviens-toi, s'il te plaît, de tout ce que tu as subi depuis des années.

De la négation de ta beauté, de ta sensualité, de ta féminité, de sa propension à trouver n'importe quel laideron plus désirable que toi. Je sais que tu as peur de vieillir, mais rester avec un homme qui te nie à un tel point, c'est comme être déjà morte.

Souviens-toi de toutes les humiliations quotidiennes, de sa négation de ton travail, de sa nature de tyran domestique qui subordonne tes activités à l'impérieuse nécessité de lui repasser ses chemises, de ton exclusion systématique de tous les domaines substantiels de son travail, de son hermétisme total face aux remarques que tu peux lui faire. Tu dis que d'avoir été quittée par lui est une blessure à ton orgueil, mais le quotidien avec lui était une atteinte à ta dignité.

Je sais que tu as toujours vécu avec lui, et ce que sa présence a signifié pour toi. Il a incarné trente ans de ta vie. Aujourd'hui, tu as quarante-neuf ans, tu vas sans doute vivre encore plus d'années que le nombre de celles que tu as passées avec lui. Une deuxième vie s'offre à toi. Veux-tu vraiment la passer encore avec lui ? Veux-tu vraiment avoir donné la quasi-totalité de ton existence à cet homme qui t'a causé de telles souffrances ?

Je sais que tu as peur de vieillir, peur de mourir seule. Mais ne crois-tu pas que vivre encore avec lui te précipite plus vite que tout dans la vieillesse, la solitude et la mort ? Aujourd'hui, tu es libre, tu n'as de comptes à rendre à personne, tu pourrais mener une carrière professionnelle accomplie. Veux-tu retourner avec quelqu'un qui t'assujettit à ses contraintes ? Te voilà enfin libérée de ses diktats, de ses préventions absurdes, de sa censure, de ses insinuations dégradantes, et il te manque ? Tu es enfin libre de voyager, d'être seule maîtresse de ta parole, de mener ta vie comme bon te semble, de maîtriser entièrement ton emploi du temps, ton espace et ton argent ; rends-toi compte de ta chance ! Tu es éblouissante de forme et de beauté, tu es brillante, tu es pleine de projets, entièrement libre et maîtresse de ce potentiel incroyable – est-ce que tu sais à quel point je t'envie ? À quel point j'aimerais être toi ?

Imagine une seconde son retour. Imagine que tu replonges réellement dans cet univers de contraintes, d'humiliations et de mensonges dont tu as mis tant de temps à te libérer. C'est un cauchemar ! Tu as tellement de chance !

Tu dis que tu as peur. Mais de quoi as-tu peur ? Qu'est-ce qui peut bien t'arriver ? Tu es magnifique, tu es libre, tu as tout, tu as tes enfants qui te sont entièrement dévoués et qui te jurent sans cesse que jamais, jamais tu ne seras seule, tu as des dizaines de gens qui attendent sur ton seuil que tu daignes leur donner une plus grande place dans ta vie, tu as tout. Qu'est-ce que son retour pourrait t'apporter ? Sur absolument tous les plans, il ne te causerait que des pertes ! Perte de ta liberté, perte de ta souveraineté, perte de la jouissance unique de ta vie et de tes projets, perte de ta tranquillité d'esprit, perte de ton indépendance, perte de ton honneur, perte de ton estime… Ne laisse pas la peur et la faiblesse prendre le pas sur ce qui représente ton intérêt rationnel, ta survie morale (car ses humiliations perpétuelles ont dû t'abîmer à un point terrible pour que tu puisses encore le regretter !), et une véritable renaissance.

S'il te plaît, maman, regarde autour de toi, regarde dans le miroir, et rends-toi compte que rien n'est digne de t'effrayer. N'aie plus peur. Je souffre tellement de te voir t'abaisser devant lui et te rendre vulnérable à son venin en disant que tu regrettes. Rends-toi compte : c'est TOI qui as gagné ! Prends conscience de ta valeur, de ta beauté, de cette fierté qui devrait être la tienne, ce sont des biens sacrés, interdis-lui de les abîmer, deviens enfin indifférente ! Ne te torture plus !

Veux-tu vraiment replonger dans l'enfer que tu as quitté – et nous avec toi, puisque jamais nous ne pourrons nous désintéresser de ton sort, alors que nous avons pris des risques et sacrifié beaucoup pour te défendre et te soutenir, que nous nous sommes épuisés et abîmés dans ce combat ? Et si aujourd'hui tu lui redonnais le pouvoir de te faire du mal, tu sais bien que nous ne pourrions que te défendre à nouveau, recommencer cette lutte qu'il nous a tant coûté de gagner, remettre en jeu ce que nous avons si chèrement obtenu, puisque nous ne pourrons jamais t'abandonner, même quand nous sommes certains que tu commets des erreurs et que tu joues contre ton propre camp ?

Tu sais, je te l'ai dit, qu'en ce moment il est désorienté, confus, qu'il prend conscience non pas de ses fautes morales, mais de ses erreurs tactiques, et que pour toutes ces mauvaises raisons qui sont autant d'outrages pour toi, il pourrait te proposer son retour. Si tu acceptais, je le vivrais comme un cataclysme, car je sais, j'ai la certitude absolue, mille fois fondée et éprouvée, que rien ne peut changer, que tu retomberais en esclavage, mais nous continuerions, je continuerais, à te soutenir dans toutes les vexations quotidiennes, les souffrances et les désespoirs qu'il t'infligerait à nouveau, parce que nous t'aimons plus que tout, sans doute plus que nous-mêmes, et que je suis absolument incapable de dissocier mon sort du tien. Si tu savais à quel point je t'aime, tu ne me soupçonnerais pas de méconnaître ta douleur et de nier la difficulté de ce qu'il te faut accomplir pour retrouver enfin ta liberté, ta dignité et ton bonheur.

Je voudrais tellement que tu ne souffres plus, que tu n'aies plus peur, que tu te détournes des sables mouvants de ton passé pour voir tout ce que la vie t'offre, la chance inouïe que tu as. Tu as remporté une telle victoire sur toi-même et sur tant d'années de souffrance, comment peux-tu regretter…

En relisant ceci, je me rends compte que je dois bien nuancer une chose, car je ne veux pas diaboliser papa. Je comprends ton attachement à lui car je l'aime aussi – même si je pense qu'il t'a fait un mal énorme, beaucoup plus qu'à nous. Ce qu'il y a de bon en papa, je ne le nie pas : la complicité qui pouvait vous unir, les conversations, ce que vous aviez à partager. Et je sais que tu les retrouveras, dans quelque temps, quand les plaies du divorce auront cicatrisé, quand tu n'auras plus mal, et que tu pourras lui offrir la relation amicale et sereine qu'il espérait par ce divorce. Quand tu te figures que des ectoplasmes comme sa Shéhérazade remettent en cause l'unicité de ce que vous avez vécu, c'est toi-même que tu insultes. Ne méconnais pas ta valeur à ce point : comment des spectres pareils pourraient-ils t'éclipser ? Tu resteras à tout jamais ce qu'il a eu de plus vrai, de plus profond, dans sa vie peuplée de fantômes…

Vis ta vie, laisse-le mener ces combats qui ne te concernent plus. Si tu te donnes les moyens de guérir – le temps, l'espace, la tranquillité d'esprit, la sérénité –, tu retrouveras ce que tu as aimé en lui, une profonde complicité, une amitié qui n'a jamais réellement été celle d'un couple, plutôt celle d'un frère et d'une sœur. Mais en continuant à plonger le couteau dans tes blessures, en continuant à regretter ce qui ne peut pas être, et à convertir en rage cette frustration, tu mets en danger jusqu'à ce ciment de votre relation, car tu commences à le haïr de façon irrémédiable. Il faut qu'il cesse d'être ton bourreau pour qu'il redevienne ton ami…

C'est un mensonge que tu voudrais faire revivre, et s'il revenait maintenant, dans la précipitation, dans toute cette haine et cette colère non digérée, dans toute cette souffrance, alors la destruction de ce que vous avez été serait irrémédiable… Imagine cela. Avec tout ce qui s'est passé, toute ta colère, ton orgueil blessé, ton sentiment d'humiliation, les mensonges irrésolus, imagine ce qui se passerait s'il revenait maintenant… Ce serait l'enfer, vraiment. Et je crois que pour toi comme pour nous, ce serait une vraie destruction morale. Préserve-toi, préserve-nous de ça… Lève l'ancre, pour sauver ce qui doit l'être. Évite le carnage programmé de son retour, qui détruirait jusqu'aux bons souvenirs… Tu le dois à toi-même, et même à lui : au souvenir de ce qu'il a pu être. Tu sais toi-même que s'il revenait, cela causerait des dégâts monstrueux à tout le monde, et notre famille ne serait plus qu'un champ de ruines… Garde-t'en. Tu aspires, nous aspirons tous, à la sérénité, à la paix, au bonheur… et tout est en place pour que tu en jouisses. Rends-toi compte de cela… tu n'as rien à craindre, tu es mieux armée que quiconque ! Tu n'as même pas à rebâtir ta vie : tout est là… tes enfants qui t'adorent, ta maison à toi, ton métier passionnant, ta beauté, ta liberté. Il faut juste que tu acceptes de prendre le temps... Je voudrais tellement que tu n'aies plus peur.

Je t'aime, maman, prends soin de toi

J'achevais la lecture de ce message le souffle coupé, les larmes brouillaient ma vue, mon cœur battait à tout rompre. Tant d'amour... Il était tellement vrai, ce message d'Anna, tellement juste ! Peu savaient à quel point j'avais souffert de la désertion de Marc. Depuis qu'il avait décidé de s'installer avec Shéhérazade, je n'avais pas reçu un seul message affectueux de lui. Chaque fois que j'avais essayé de lui expliquer pourquoi j'étais blessée de son attitude, il m'avait rabrouée. Chaque fois que j'avais critiqué Shéhérazade, il avait pris sa défense avec constance. Comme si nous n'avions jamais passé trente ans ensemble, comme si nous n'avions pas fait d'enfant. Comme s'il était devenu un étranger et qu'une muraille invisible s'était dressée entre nous. Personne, sinon mes enfants, n'avait rien su de ma souffrance, de mes insomnies, sinon lui, que j'avais appelé au secours plus d'une fois au cours de ces nuits sans sommeil. Mais il n'avait opposé à mes appels qu'indifférence, m'invitant avec une froide cruauté à reconstruire rapidement ma vie. Anna venait de mettre ses mots sur ce que je ressentais profondément sans réussir à le formuler, cette impasse où je me trouvais enfermée, espérant que Marc allait revenir tout en sachant que c'était impossible et néfaste.

Je pleurais sans pouvoir m'arrêter. J'avais l'impression que mon corps était en train de se vider. Mais il se passait une chose étrange : mes larmes lavaient mon chagrin. Elles le dissolvaient dans le sable du désert. J'avais été blessée, humiliée, amputée de moi-même et pourtant, je ressentais confusément une délivrance. Il avait fallu que je souffre tant pour que je puisse renaître. J'étais heureuse d'être seule, dans cet autobus vide où personne ne pouvait me voir pleurer. Mes larmes étaient une purification, une catharsis. Enfin j'extirpais de moi ce chagrin immense qui me rongeait depuis des mois.

11

Prise de conscience

Peu à peu, les membres du groupe revinrent les uns après les autres s'asseoir dans le car. Mes larmes avaient séché, je me sentais comme allégée. Nous avions attendu près de deux heures, certains déploraient d'avoir été privés inutilement du concert pour lequel nous étions spécialement venus dans ce fort isolé. Moi, je ne regrettais rien.

C'est Moundir qui nous apprit le fin mot de l'histoire : les autorités interdisaient que nous nous déplacions sans escorte. Mais les militaires étaient partis raccompagner le bus des VIP. Il leur avait fallu le temps de revenir. Une heure de trajet dans chaque sens au bas mot. Le responsable local nous avait fait nous entasser dans les véhicules sans s'être préalablement assuré qu'il disposait bien d'une protection armée. Nous étions restés totalement seuls, abandonnés, pendant que les Importants concentraient les forces de sécurité. Ferdinand était bien sûr parti avec eux.

Je repensais aux membres du groupe, égaillés dans le désert. Eh bien, même les terroristes, s'il y en avait, avaient dû nous juger bien peu dignes d'intérêt ! Depuis le début du voyage, tout se passait comme si nos souhaits n'avaient aucune valeur. Le temps des Importants était minuté, le nôtre sacrifié dans l'indifférence et la désinvolture. Il leur avait été réservé les plus belles visites guidées, nous avions été livrés à nous-mêmes. Peu m'importait en réalité : je l'avais mis à profit pour réfléchir, pour faire le point. J'avais habité mon voyage à ma façon. Timimoun, j'y retournerais. Dans d'autres circonstances. Avec mes enfants. Avec un compagnon qui saurait me respecter et m'aimer, prendre le temps de partager avec moi, en toute simplicité, la beauté du monde. « Ne compte pas sur moi pour m'occuper de mes petits-enfants, pour voyager avec toi quand tu cesseras de travailler. La retraite, je ne veux pas en entendre parler ! Je mourrai au travail », m'avait avertie Marc un jour que je lui parlais de l'avenir. Il avait même déjà prévenu ses enfants : personne ne l'appellerait jamais papy. Il ne supportait pas la perspective de devenir grand-père. Pouvait-il faire autrement que de rencontrer Shéhérazade ? Tout était écrit finalement. Si cela n'avait pas été elle, il y en aurait eu une autre. Puis une autre encore. De plus en plus jeunes, de plus en plus crédules. Jusqu'au jour où il n'y arriverait plus. Trop vieux. Mon ex-mari était déjà bien abîmé par la vie. Un jour que je le surplombais depuis une fenêtre élevée, j'avais été surprise de découvrir à quel point sa calvitie naissante avait gagné du terrain. Les poils qui disparaissaient de son crâne rejaillissaient partout ailleurs. Il avait beau tailler à grands coups de ciseaux à ongles ses sourcils de plus en plus broussailleux et ses poils de nez, drus comme des vibrisses, exiger de son coiffeur qu'il supprime les plumets qui lui jaillissaient des oreilles, Marc était en train de se transformer en chat des forêts norvégiennes.

Nos autobus démarrèrent enfin. Zohra bouillait de rage. Et en même temps, elle riait d'elle-même, mesurant à quel point sa sortie avait été excessive. Le reste du groupe commentait avec indulgence, soulagé de la voir revenue à de meilleures dispositions :

— Eh oui, elle est comme ça, Zohra, il faut que ça sorte…

— Dis donc, Zohra, tu nous préviendras la prochaine fois que tu comptes faire un calcaire ?

Je m'endormis bercée par les plaisanteries et le bruit du moteur.

Nous arrivâmes à la forteresse à plus de deux heures du matin. Tout était fermé. Hermétiquement calfeutrée dans le silence de la nuit, la grande bâtisse nous opposait sa masse sombre et opaque.

Les journalistes tambourinèrent à la porte. Mais l'architecture du lieu était telle, si je m'en souvenais bien, que personne n'avait la moindre chance de nous entendre. Derrière la grande porte, il y avait un escalier, puis une cour intérieure, puis seulement le bâtiment principal. Il aurait fallu que le gardien ait une caméra ou un sixième sens pour que nos cris le réveillent.

De longues minutes se passèrent. Zohra hésitait entre la rage et la lassitude absolue.

— Quand je pense que je meurs d'envie d'aller aux toilettes…

— La soirée serait complète si Zohra se faisait pipi dessus, commenta Emmanuel.

Tout le monde éclata de rire. Les téléphones portables s'agitaient. Nos conducteurs n'osaient pas repartir en nous laissant seuls dans la nuit.

Finalement, Abderrahmane, le propriétaire des lieux, arriva, tout ensommeillé. Ferdinand l'avait aidé à reconstruire la forteresse par un système de micro-crédit : l'argent avancé lui était restitué petit à petit grâce aux voyageurs que la compagnie aérienne lui adressait. Si d'aventure, le flux se tarissait parce que Ferdinand ne pouvait plus envoyer de clients, le remboursement était suspendu. Depuis que la forteresse bénéficiait de ce système, les autres aubergistes se plaignaient. En dépit d'une entente de façade, il régnait entre les agences de voyage et les hôteliers de Timimoun une concurrence sourde. Tous s'épiaient et se jalousaient mutuellement.

Les autres restèrent en bas pour discuter autour du thé à la menthe qu'Abderrahmane, décidément bon bougre, leur avait proposé. Aussi épuisée que moi, Isabelle me rejoignit dans notre chambre monacale. Comme la veille, nous devisâmes tranquillement en nous préparant pour la nuit. Elle n'avait toujours pas ses règles et espérait de plus en plus être enceinte. Je lui parlais du groupe argentin, de combien il m'avait marquée. Elle m'apprit qu'elle était allée leur parler à la fin de leur concert, ce qui me pinça un peu le cœur.

— Tu sais ce qu'on leur a raconté, pour les faire venir à Timimoun ? Qu'ils joueraient devant vingt mille personnes !

— Mais nous n'étions même pas trois cents !

— Oui, et attends : les organisateurs leur ont fait croire qu'ils donneraient un récital complet.

— Mais on leur a octroyé un quart d'heure à peine !

— Exactement. Vingt mille kilomètres pour trois morceaux devant trois pelés et un tondu, tu imagines combien ils ont dû être désappointés ?

Je repensais à tout ce qu'ils avaient transporté, au percussionniste qui avait dû être si heureux d'emmener son orchestre en Algérie.

— J'espère au moins que les organisateurs les ont bien payés.

Isabelle fit la moue. Elle en doutait, comme moi.

Nous éteignîmes la lumière et attendîmes le sommeil dans nos lits respectifs, enveloppées d'un silence que troublait à intervalles réguliers un roulement d'aboiements. Les chiens se répondaient mutuellement à travers la palmeraie. C'était étrange, Marc ne me manquait pas. Je savourais le confort de mon lit, la qualité de la nuit. J'étais bien.

Soudain, Isabelle rompit le silence d'une voix parfaitement claire :

— Est-ce que tu as su pour Malia et Bernard ?

— Pourquoi ? Il s'est passé quelque chose ?

Isabelle éclata de rire.

— Tu n'imagines même pas !

— Raconte ! Je n'ai rien vu, rien su.

— Disons qu'ils ont su utiliser l'arrière de leur minibus. Le coup de foudre. Et un coup de foudre… suggestif.

Je n'en revenais pas. Bernard ? Si respectable ? Malia ?

— Les Algériens les ont vus ?

— Je ne sais pas. Il n'y avait personne quand ça s'est passé. Enfin, personne à part nous. De vrais ados.

— Rappelle-moi, ils ont quel âge tous les deux ?

— Oh, Bernard a largement plus de soixante ans puisqu'il a pris sa retraite quand j'ai créé ma boîte, il y a trois ans. Et Malia, je ne sais pas, à peu près comme toi. À propos, tu as parlé à Frédéric ?

— Non, son état d'esprit ne s'y prêtait guère, ce soir. Le mien non plus, d'ailleurs.

— Quelle poisse, votre émission ! C'est le seul qui n'en a pas souffert. Il est parti visiter le fort. À sa façon.

— Tu veux dire méticuleusement ?

— Plus que ça même, je crois qu'il a compté chaque pierre. Je l'ai retrouvé en train de prendre des notes, près de la piscine.

Je ne savais même pas que le fort disposait d'une piscine ! Il fallait absolument que je réussisse à parler à Frédéric avant notre départ. Même si, je le réalisais maintenant, rencontrer un autre homme, reconstruire si vite un autre couple ne me tentait pas du tout. J'avais besoin d'un temps de latence. Les amants que j'avais pris depuis ma rupture avaient joué le rôle de passeurs, ils ne devaient pas s'inscrire durablement dans ma nouvelle vie, Mick pas plus que les autres. Me précipiter dans une nouvelle histoire était prématuré. Malia et Bernard me montraient que tout était toujours possible… j'avais le temps. Il me fallait prendre le temps.

Frédéric… Marc avait été, autrefois, comme lui, l'homme qui ne transigeait pas. Jamais il ne se serait enivré, jamais il ne se serait lâché dans un groupe : un corset psychologique le contraignait aux bonnes manières. Une sorte de retenue naturelle, qui m'avait impressionnée la première fois que je l'avais vu, moi l'extravertie toujours en train de rire aux éclats et de faire des bons mots que je regrettais aussitôt, plus encore lorsque son regard impitoyable s'était mis à me jauger. Chaque fois que nous quittions une soirée, un lieu où nous avions passé du temps ensemble, je redoutais l'instant où nous nous retrouverions seuls dans la voiture. La même scène se reproduisait chaque fois, quelle qu'ait été l'attention que j'avais cru porter à mon comportement : à peine étions-nous ensemble que ses reproches fusaient. Il trouvait toujours une raison de me prendre en défaut : j'avais prononcé une parole maladroite, ou bien j'avais, à l'entendre, vexé nos hôtes. Ou bien encore, et c'était la pire hypothèse, je l'avais contredit sans m'en rendre compte. Je tombais chaque fois des nues. Cette forme d'anxiété diffuse, il l'avait communiquée à nos enfants. Eux aussi craignaient de déplaire à leur père. Mais il était difficile de suivre les méandres du fonctionnement de Marc. Pendant trente ans, il m'avait raconté des bobards sur à peu près tout. Son emploi du temps, ses relations féminines, ses convictions… J'étais suffisamment amoureuse et naïve pour tout gober aveuglément. C'est quand j'avais commencé à me poser des questions, à mettre en doute ses propos, à recouper son agenda, toujours trouble, que les choses étaient parties en vrille. Tous les lièvres que je levais l'exaspéraient, comme si je m'étais octroyé une privauté indue. Ses mensonges et ses dissimulations suscitaient mon incompréhension, puis ma colère. Mais mes crises ne faisaient que l'éloigner de moi : puisque je ne lui faisais plus confiance, je ne méritais plus d'être avec lui.

Marc ne cessait de répéter qu'il voulait être un homme libre. Le mensonge constituait le ciment de cette liberté. Toujours brouiller les pistes, emmêler les faits, servir à chaque interlocuteur une version différente. Il mettait un point d'honneur à ne jamais se perdre dans ses stratégies compliquées. En jouant le chien dans son jeu de quilles, je l'avais perdu. Qu'est-ce que c'était reposant de ne plus vivre en redoutant ses réactions ! Pendant trente ans, je m'étais gâché la vie avec un personnage compliqué, irascible, dont la susceptibilité extrême me prenait toujours au dépourvu. Shéhérazade venait de prendre la relève. Marc était sûr qu'il la grugerait aisément. Avec le recul, je commençais à me dire que c'était lui qui voulait l'épouser, et non l'inverse. Depuis que je l'avais quitté, il avait besoin d'une épouse et d'un statut social. « Une couverture », avait-il osé résumer, sans égard pour la jeune femme. Sans égard pour moi non plus, qui avais fait office de couverture pendant si longtemps, avec nos trois enfants que j'élevais au mieux et ma crédulité si confortable. Il lui fallait une deuxième couverture. Jeune, belle, riche, amoureuse, celle-là ferait l'affaire. Il ne percevait pas à quel point la grande différence d'âge entre eux, loin de rehausser son prestige, était au contraire perçue comme une faute, une indécence, la rencontre entre la courtisanerie d'un côté, le donjuanisme sénescent de l'autre.

Après avoir été blessée de me découvrir si interchangeable, je me disais que ce divorce avait été ma chance, finalement. Marc était si peu exigeant, n'importe quelle femme aurait pu lui convenir. En le quittant, Anna avait raison, je retrouvais ma dignité en même temps que ma liberté. Ce n'était pas pour l'aliéner aussitôt avec un autre homme, qui s'autoriserait à me demander des comptes, à surveiller mon emploi du temps.

Marc aussi aurait pu se dire qu'être divorcé lui permettait d'accéder enfin à cette liberté qu'il avait appelée de ses vœux pendant toute notre histoire. Non, il épousait aussitôt Shéhérazade, parce qu'il avait peur de lui-même, peur de ce qu'il pouvait devenir si personne n'était là pour lui imposer une ligne de vie. À plusieurs reprises, je lui avais demandé :

— Mais tu te rends compte qu'elle est bien plus jalouse que moi ?

Oui, il s'en rendait compte. Plus les jours passaient, et plus il s'en rendait compte. Mais me répondait-il, il lui ferait rapidement des enfants qui l'occuperaient – comme je l'avais été. Face à des arguments aussi désolants, je ne pouvais que m'incliner. Ce qui était surprenant, c'était que j'aie pu si longtemps le regretter.

12

L'accomplissement

Ma troisième nuit fut encore meilleure que la précédente. Un sommeil profond, réparateur, comme si je récupérais en l'espace de quelques nuits six mois d'insomnies et de souffrances. L'aube nous trouva toutes les deux, Isabelle et moi, en pleine forme. Même la perspective de repartir en France ne nous assombrissait pas : pour nous, le voyage avait été réussi. Et si nous avions ronflé durant la nuit, nous n'en savions rien. Agathe nous renseignerait peut-être…

Mais ni Agathe ni Zohra n'émergèrent avant onze heures. La forteresse était vide. Conscients qu'il faudrait bientôt partir, les autres avaient mis les bouchées doubles. Certains étaient allés faire du chameau dans les dunes, d'autres partis visiter les ksour voisins.

Moi, je retournai marcher dans la palmeraie : les foggarir me fascinaient. Depuis l'avant-veille, mes étudiants avaient travaillé. J'avais reçu du groupe chargé de Timimoun un dossier qui m'avait appris que le réseau d'irrigation puisait les eaux profondes qui affleuraient au pied du plateau le long duquel s'était adossé Timimoun. Il datait de plus de trois mille ans ! L'incroyable système de peignes et de seguias de plus en plus fines desservait l'ensemble des jardins. La logique de répartition des eaux était étroitement dictée au statut social des propriétaires des casiers et des jardins. Il fallait que le maître des eaux soit un ingénieur, doublé d'un mathématicien et d'un juge de paix.

Je décidai de m'enfoncer dans la palmeraie. Elle était étrangement vide. Les habitants de Timimoun délaissaient les jardins d'Allah. Quelques rares personnes s'activaient, toutes âgées. Elles me saluèrent avec gentillesse. La plupart étaient sombres de peau, comme si nous étions déjà en Afrique subsaharienne, à deux mille kilomètres plus au sud. Ceux qui avaient construit les foggarir étaient des esclaves. Au temps de la traite arabe, ils avaient été arrachés à ce qu'on appelait alors le pays des Noirs, le Soudan, et mis au travail dans les oasis. C'est eux qui avaient donné la vie à une bonne partie du monde musulman par leur maîtrise de l'irrigation, apportant un savoir qui s'était largement perdu dans leurs régions d'origine : là où la terre ne manquait pas, la victoire sur l'eau n'avait jamais été considérée comme une priorité.

— Oh bonjour madame ! Quelle surprise de vous rencontrer ici !

Juan et Fauvette étaient là, en train de travailler. Fauvette tenait à son idée de réhabilitation des foggarir. Elle avait convaincu Juan de s'associer à son entreprise. Il avait l'air très amoureux d'elle, mais je savais d'expérience que leur couple ne pourrait pas tenir : Fauvette était trop sérieuse, trop vulnérable et Juan trop séducteur pour que leur histoire soit durable. Pour l'instant, l'intelligence de la jeune femme le séduisait, mais elle ne serait pas suffisante pour le retenir sur le long terme. La vie était un chemin pavé de tentations. Il valait mieux opter dès le départ pour un homme vrai, peut-être moins éclatant que Juan, mais plus authentique. Aujourd'hui je le savais. Mon expérience ne pouvait servir à rien, hélas. Ma mère avait essayé de me mettre en garde contre Marc lorsque je l'avais rencontré, elle avait perçu bien avant moi ses limites, mais je l'avais envoyée paître, brutalement, menaçant de ne plus lui adresser la parole si elle persistait à critiquer l'homme que j'aimais.

Les deux amoureux voulaient me montrer le résultat de leurs recherches. Plus nous progressions, et plus ce que je découvrais me fendait le cœur. Les troncs des palmiers déracinés jonchaient le sol nu, partout le sable reprenait ses droits. Beaucoup de peignes avaient été brisés, de nombreuses seguias étaient à sec, remplies de terre. Partout s'accumulaient les ordures. Riante en apparence quand on la regardait depuis la vieille ville, la palmeraie était en réalité rongée par la lèpre de l'abandon, envahie par des dépôts blanchâtres de sel. Le désert revenait. Fauvette me montrait les vestiges des anciens bassins, l'air désolé. Il suffisait d'un seul galet, d'un coup de pied mal placé, et les ruisselets se bouchaient. Les canalisations s'effondraient. L'eau fuyait. Bientôt l'oasis ne serait plus qu'un songe, un souvenir que le sable, la négligence des hommes, le temps auraient tué. Sans les touristes qui apporteraient leur argent et leur curiosité fascinée pour cette culture, Timimoun allait mourir. Ferdinand pouvait sauver Timimoun. Fauvette avait raison : il fallait d'urgence réhabiliter les foggarir…

Incapable de supporter plus longtemps ce spectacle de désolation, je les laissais à leur travail – en géographes accomplis, Juan établissait un relevé de la topographie et Fauvette répertoriait les plantes cultivées. Je revins vers la partie riante de la palmeraie, tout près des premières maisons, juchées sur ce que les habitants de Timimoun appelaient la falaise. La vue y était si belle que maintenant que l'argent du pétrole faisait flamber les prix, on se battait pour les acheter. Mais leurs nouveaux propriétaires venaient d'ailleurs et ne savaient pas comment perpétuer l'héritage.

Je m'assis près d'une petite retenue d'eau, sous des palmes enchevêtrées qui formaient comme une arche. Personne ne me voyait. J'entendais autour de moi quelques rares jardiniers travailler leurs parcelles, accompagnés d'ânes résignés, qui attendaient patiemment près de leurs maîtres. Je me sentais pleine d'allant, pleine de projets. J'avais envie de réfléchir à ma nouvelle vie. Il me tardait d'être de retour en France pour mettre à exécution tout ce que je projetais.

Une femme chargée de paniers passa. Elle me jeta un coup d'œil discret. Je la saluai. Comme si elle n'attendait que ça, elle me fit un large sourire.

— Je suis la maman de Moundir.

Je la félicitai pour la gentillesse et la compétence de son fils. La fierté éclaira son visage. Sans faire de manière, elle s'assit à côté de moi.

— Tu aimes Timimoun ?

J'acquiesçai. Elle m'apprit que ses autres fils vivaient en France. Elle ne les avait pas vus depuis des années. C'était si compliqué pour les Algériens…

— Moundir aussi voudrait partir. Mais j'ai peur pour lui. Il n'y a pas de travail ici, pour les jeunes.

Je compatis. Comment garantir à ses enfants un avenir rassurant dans un pays qui avait connu le terrorisme, la violence, le chômage de masse ? Voulait-elle que j'essaie de l'aider ? Je l'aimais bien, Moundir. Il était sérieux, appliqué. Depuis trois jours, il veillait sur nous jour et nuit ou presque. Si je pouvais lui rendre service… Elle prit mes mains dans les siennes. Sa gentillesse me touchait. Nous restâmes ainsi, nos quatre mains enlacées. Impossible de savoir quel âge elle avait. Ses doigts étaient abîmés par les travaux des champs, ses paumes calleuses, un réseau de veines bleues saillait comme des cordages sur sa peau trop fine. Je serrai ces mains qui s'offraient.

Elle parlait bien français, la mère de Moundir, mieux que son fils. Nous discutâmes de la meilleure façon d'aider ce dernier à trouver un bon travail. La solution passait par Ferdinand, une fois de plus. Je lui promis d'essayer de l'aider. Elle m'embrassa avec effusion. J'étais gênée.

— Attendez madame, avant de me remercier ! Je n'ai encore rien fait.

— Aïcha, tu m'appelles Aïcha. Je sais que je peux compter sur toi. Tu le portes sur ton visage. Tu sais, j'ai un sixième sens pour ça.

Elle s'éloigna. C'était étrange, mais sa certitude me confortait dans la solidité que je sentais de nouveau en moi. Tout était possible. Je me sentais si bien… Comme si un interrupteur invisible avait été actionné en moi. Anna avait tellement raison ! Même le mariage de Marc, en m'ôtant l'espoir insensé de voir renaître un passé qui n'était pas souhaitable, me libérait. Je pouvais regarder vers l'avenir désormais. Renaître à moi-même. La page était de nouveau blanche. Mais je ne devais rien regretter. Il me restait trois fabuleux enfants, solidaires, proches, témoins d'une époque de ma vie qui n'avait pas été gâchée puisqu'ils étaient là. L'homme que j'avais tant aimé avait existé, mais il avait disparu. J'avais le droit de tourner la page.

Finalement, Shéhérazade m'avait rendu le plus grand service qui soit en me libérant. Je devais lui en être reconnaissante. Grâce à elle, j'étais sortie de l'impasse. Grâce à son obstination, j'avais enfin retrouvé ma dignité et ma liberté. Et Marc m'avait laissé le meilleur de lui, trois enfants, un foyer, la certitude d'avoir été aimée et de l'être à jamais. Non, il ne fallait rien regretter.

Je retournai à la forteresse. Quand je retrouvai le groupe, l'atmosphère avait changé. Comme si tout s'était débridé soudain. Les rires fusaient, les allusions salaces se multipliaient. L'ironie convergeait particulièrement vers Bernard. Il n'en paraissait pas perturbé pour autant, au contraire : on aurait dit que se faire traiter de tombeur le flattait, comme s'il avait apporté ainsi la preuve que sa capacité de séduction restait intacte.

Tout le monde se gaussait de la façon dont, la veille au soir, les deux tourtereaux s'étaient livrés à une compulsive attirance, sans doute aiguillonnée par la quantité de substances qu'ils avaient tous deux ingurgitées.

Ils accueillaient les quolibets avec une détermination tranquille, comme si ces deux-là s'étaient enfin trouvés et le revendiquaient, quelle que soit l'opinion des autres.

Je ne vis pas Mohammed qui était retourné bouder, mais rencontrai enfin le beau cameraman. Comment parvenait-il à travailler sans son acolyte ?

— Oh ça ne m'empêche pas de filmer. J'emmagasine des images, ce sera toujours utile si les choses se débloquent.

Je remarquai qu'Agathe me regardait lui parler avec un rien de défiance, comme si elle me surveillait. La façon dont il mit très rapidement fin à notre discussion pour retourner se poster à côté d'elle me renseigna : de leur côté aussi, la nuit avait été mise utilement à profit. Un petit pincement au cœur me rappela que la blessure était encore fraîche, mais j'évacuais aussitôt cette mélancolie fugace. Il était encore trop tôt pour moi. Un jour peut-être… Mais la jeunesse ne m'attirait pas, contrairement à mon ex-mari. À mon sens, sortir avec un partenaire plus jeune vous renvoyait sans cesse au décalage de références et de culture qui vous séparait de lui. Rien de plus cruel qu'un homme qui vous dit innocemment : « dans ta génération... », comme si vous étiez un dinosaure dont les traditions et les coutumes s'étaient perdues.

En l'espace de deux jours, l'architecture du groupe avait été modifiée : des couples s'étaient formés, des alliances entre journalistes et tour-opérateurs s'étaient nouées.

Seul Frédéric ne décolérait pas. Me voyant isolée, il me prit pour confidente.

— Je n'en reviens pas de la façon dont nous nous comportons ! C'est bien de parler de tourisme éthique dans les tables rondes du matin, mais si c'est pour consommer de l'alcool et jouer les dépravés dans un pays aussi intransigeant sur ces questions, ce n'est vraiment pas la peine ! J'ai honte pour eux, honte pour nous...

Frédéric avait raison mais, lâchement, je n'avais pas envie de m'aliéner le groupe. Le voyage était bientôt fini, je ne m'étais brouillée avec personne, n'avais eu de tension avec quiconque, même Isabelle qui partageait ma chambre. Il était important que tout se termine bien : je n'étais pas dans une situation où j'aurais supporté une altercation. L'année qui venait de s'achever avait été tellement dure, tellement tendue. Je n'en revenais pas d'avoir réussi à tout mener de front, d'avoir su donner le change, face à mes étudiants, mes amis, ma famille. Oui, décidément, l'homme que j'avais connu était mort. Mais je me découvrais une solidité insoupçonnée.

À Timimoun, je n'avais pas eu d'insomnie. J'avais hâte de retrouver Anna, Romain, Fanny. Ils avaient suffisamment souffert de ma souffrance. « Depuis un an, nous portons ta peine, maman, et il ne nous reste plus assez de force pour affronter la nôtre », m'avait dit Fanny avant que je parte pour l'Algérie. Ses mots m'avaient transpercé le cœur. Il était temps pour moi de redevenir forte, de regarder en direction de l'avenir avec eux. Les emmener en voyage, leur faire oublier l'année écoulée, les crises, les tensions, la famille transformée en donjon de glace alors qu'elle aurait dû représenter pour eux un havre de paix. Quelque chose avait changé en moi. J'étais en train de me métamorphoser, de sortir de mon cocon différente, déterminée. Enfin j'entrevoyais l'ampleur de cette liberté dont m'avait parlé Anna ! Je pouvais faire exactement ce que je voulais, quand je voulais, comme je voulais. Plus personne n'avait le droit de me critiquer, de me rabrouer ! Ce sentiment d'impunité totale me donnait le vertige, comme si s'ouvraient enfin devant moi de grandes vacances. Finies l'oppression, l'incertitude, la jalousie ! J'étais délivrée. Le reste de ma vie ne serait plus que grandes vacances.

J'allai à la rencontre des autres. Tous s'étaient éparpillés dans la forteresse, la plupart installés sur la terrasse, buvant du thé et grignotant des dattes face à ce grand erg dont nous voulions tous inscrire l'image dans nos mémoires avant de quitter Timimoun. Zohra tapait quelque chose sur son ordinateur. Avait-elle réussi à écrire son article, finalement ? Emmanuel consultait son téléphone à côté d'elle et lui chuchotait des secrets qui la faisaient rire aux éclats, renversant en arrière sa jolie gorge claire chatouillée de boucles noires. Agathe écoutait ses enregistrements. Quelle musique ramènerait-elle de Timimoun ? L'Ahellil ? Je l'espérais : c'était si beau. Bernard et Malia avaient disparu, j'imagine qu'ils avaient dû retourner dans leur chambre, tout à la fascination de leur découverte.

Est-ce que je les enviais ? Même pas. Il me fallait savourer chaque minute sans regretter le passé. Chaque moment portait en lui-même sa propre plénitude. Il fallait que je me souvienne de la beauté du désert, de la lumière unique de Timimoun, de ce séjour si surprenant, comme une parenthèse dans l'espace-temps qui m'avait ouvert un nouvel univers où je ne serais plus jamais la même.

Oui, elle était belle, Shéhérazade. Pouvais-je lui en vouloir d'aimer le même homme que moi ? Je savais ce qui l'attendait. Et j'avais tellement peu de raisons de l'envier… Si jeune encore, elle s'engageait avec cet homme tourmenté, qui ferait peser sur elle le remords d'avoir laissé sa famille. Chaque fois que Marc regarderait Shéhérazade, avec sa fraîcheur, ses propos d'enfant à peine grandie, tous les souvenirs de sa vie avec moi, ces souvenirs qu'elle ne pouvait pas connaître, ce tissu de connivences et de complicités, il souffrirait. Car l'émoi de la découverte amoureuse s'évaporerait vite. Toute sa vie, Marc se sentirait mal, en décalage, amputé d'une partie de lui-même. Les parents de la petite le savaient probablement, eux qui avaient tout fait pour empêcher ce mariage avant de s'y résigner. Je la plaignais, cette jeune femme, elle aurait pu espérer tellement mieux ! Tout le monde était perdant dans cette affaire, sauf moi. Marc m'avait offert une nouvelle vie à un âge où je croyais que tout était définitivement joué. Je me sentais incroyablement forte. Jeune. Libre.

13

Apaisement

Mohammed fit son apparition en fin de matinée. Tout le monde le regarda avec circonspection. Dans quel état d'esprit était-il cette fois ?

Déception : son visage était plus fermé que jamais. Il nous demanda d'une voix sépulcrale :

— Est-ce que l'un d'entre vous a vu Bruno ?

Nous nous regardâmes. C'est vrai, Bruno manquait à l'appel. L'ensemble du groupe était tellement épuisé la veille au soir que nous avions oublié de nous compter mutuellement.

— Il est peut-être avec le groupe des étudiants, au campement ? risqua Isabelle. Je vais appeler Victoire pour qu'elle me dise si elle l'a vu.

Mais Victoire n'avait pas vu Bruno. Isabelle téléphonait maintenant à Ferdinand pour savoir si Bruno avait pu rejoindre les VIP. Certains râlaient franchement. « Marre de Bruno ! Depuis le début du séjour, il n'en fait qu'à sa tête. »

Ferdinand fut catégorique : pas de Bruno non plus chez eux. Je compris alors que Victoire avait dormi au campement avec les étudiants, pendant que Ferdinand s'offrait une chambre dans l'hôtel de luxe avec ses invités de marque. Comment une chose pareille était-elle possible ?

Mais ce n'était pas le moment de soulever une telle question. Tout le groupe affichait à présent la même mine que Mohammed. Sans nous l'avouer, nous commencions tous à redouter le pire. Comme les touristes de Mauritanie, Bruno avait-il été enlevé pendant la soirée ? Il y avait tellement de monde dans ce fort… Un groupe de jeunes l'avait-il kidnappé pour le revendre aux réseaux islamistes qui sillonnaient le Sahara ? Lui qui aimait tant s'échapper de la bande était-il tombé sur un trafic interdit, drogue, armes, cigarettes, qui lui avait valu d'être neutralisé ? Je commençais intérieurement à échafauder les pires scénarios. Et je voyais bien que je n'étais pas la seule.

Ferdinand arriva quelques minutes plus tard avec Moundir, le visage décomposé. Il demanda à chacun d'entre nous de se souvenir précisément de la dernière fois où il avait vu Bruno. Je réalisais qu'il était sorti de mon champ de vision depuis longtemps... Personne ne se souvenait qu'il soit monté dans l'autobus.

Moundir se tordait les mains dans tous les sens, comme si en tant que guide, il avait été personnellement coupable de la disparition du journaliste.

Aux questions de Ferdinand, sèches, cassantes, à chacun d'entre nous, je compris peu à peu que sa véritable préoccupation n'était pas le sort de Bruno : si le journaliste avait été enlevé, plus question d'envoyer un seul touriste à Timimoun. Il pouvait définitivement fermer la ligne. Après le Tchad et la Mauritanie, c'était l'Algérie qu'il allait devoir abandonner. Son entreprise n'allait pas y résister.

Zohra dut faire le même constat que moi.

— Ferdinand, tu ne crois pas que tu devrais faire preuve d'un peu plus de décence ? La vie de Bruno est peut-être en danger.

Fidèle à son habitude, elle n'avait pas mâché ses mots. Ferdinand blêmit et alluma compulsivement la cigarette qu'il venait de taxer à Moundir. La réprobation se lisait maintenant sur la plupart des visages.

Finalement, Mohammed prit la parole, à regret :

— C'est moi qui l'ai vu le dernier.

Tout le monde se tourna immédiatement vers lui, un seul mot jaillissant de toutes les bouches :

— Où ?

Mohammed était livide à présent, je crus qu'il allait s'évanouir.

— Nous avons passé la soirée ensemble hier soir.

— Mais où ? jeta Ferdinand, exaspéré. Si tu es allé au bordel, dis-le-nous. Mais il faut qu'on sache enfin où est Bruno, merde !

Bernard, lui, semblait avoir compris pourquoi Mohammed répugnait tant à parler. Il le prit par l'épaule et l'entraîna à part. Je les vis tous les deux lancés dans un long conciliabule. Ferdinand alluma une seconde cigarette.

Finalement, Bernard revint vers nous et dit :

— Je ne pense pas que Bruno ait été enlevé. À mon avis, la réponse est beaucoup plus simple que ça.

— Il est où alors ? cria Ferdinand. J'ai besoin de le savoir ! Vous n'imaginez pas le risque que j'ai pris en vous emmenant tous ici ! Vous vous comportez comme des sagouins sans aucun égard pour moi…

La façon dont il nous englobait tous dans le même sac me mit en colère. Je vis qu'Agathe et Zohra étaient aussi furieuses que moi. Zohra ouvrait la bouche pour lui dire son fait quand Emmanuel lui passa la main autour des épaules :

— Laisse tomber, Zohra, ça ne sert à rien. Ferdinand est inquiet et il ne sait plus ce qu'il dit.

Bernard ajouta d'une voix très calme :

— Je crois savoir où est Bruno. Si je me suis trompé, vous en serez vite informés. En attendant, s'il vous plaît, profitez de votre dernière journée à Timimoun. Je vous promets de vous rejoindre à l'heure du déjeuner pour vous tenir au courant.

Moundir décréta aussitôt qu'il était temps pour nous de faire nos emplettes, tout touriste qui se respecte se devant de rapporter des souvenirs. Nous montâmes dans les minibus, interloqués par la tournure que prenaient les événements.

Ils s'arrêtèrent devant une boutique. Celle-ci et pas les cinq autres de l'avenue. Je supposais qu'elle était tenue par le frère, le cousin, l'ami ou l'obligé du chauffeur, qui se rémunérerait à la commission, mais peu importait : au moins nous n'avions pas à nous poser la question du choix. De toute façon, la boutique présentait tout ce que le Sahara peut offrir comme artisanat : bijoux touaregs et berbères, en argent, ambre, cuir et métal, couvertures tissées, poteries, objets en raphia… Rien ne semblait avoir été fabriqué en Chine. J'avais pris la précaution de changer des dinars au début du voyage, mais le commerçant acceptait les euros, les dollars, peut-être même les yens, les livres et les reals brésiliens, je ne lui posais pas la question. Pas même celle de savoir quel taux de change il pratiquait : y perdre faisait partie du jeu…

Chacun se jetait sur les objets comme un mort de faim. Les marchandages commencèrent. En anglais, comme l'avait dit Zohra. Il était évident que le commerçant n'était pas prêt à faire beaucoup de concessions. C'était encore la règle du jeu : payer plus cher sur place un objet qu'on aurait pu acheter moins cher dans n'importe quelle boutique dite ethnique du monde. Nous y sacrifiâmes tous avec bonheur. Le souvenir de voyage, je le savais pour en avoir rempli ma maison, c'était l'objet transitionnel, celui qui faisait le lien entre le moment vécu et le retour au foyer, l'incarnation tangible du dépaysement dont on avait envie de conserver la trace chez soi. Rapporté de voyage, il revêtait un poids symbolique sans commune mesure avec son équivalent acheté dans n'importe quel magasin occidental, même vendu infiniment moins cher. Il fallait qu'il revienne de « là-bas » pour être lesté d'une valeur mémorielle qui le rendait unique et inégalable. Mes filles seraient heureuses d'avoir un souvenir de Timimoun. Je jetai mon dévolu sur deux croix touareg très simples, en métal argenté et en cuir noir. Pour Romain, j'achetais un sabre touareg. Emmanuel jeta un coup d'œil au-dessus de mon épaule :

— Des croix d'Agadez ! L'épée aussi vient de là-bas. Pauvre Agadez…

Il m'apprit que l'insécurité et les enlèvements avaient interrompu le tourisme au nord du Niger. La région se mourait depuis dans la misère, dévastée par des inondations centenaires, fuie de tous les étrangers, devenue répulsive après avoir été si attirante. Chaque fois que le ministère des Affaires étrangères plaçait un site sur sa liste rouge, il le condamnait à mort. Est-ce qu'ils le savaient, au Quai d'Orsay ? Il suffisait qu'un conseiller confortablement installé dans des salons dorés clique sur son ordinateur pour anéantir les revenus et les espoirs de familles entières. Tous ceux qu'on allait retrouver morts d'épuisement dans les sables du Sahara parce que les passeurs les avaient abandonnés, ou parce que les autorités du pays de transit s'étaient acquittées avec un zèle criminel de la mission de surveillance que leur avait confiée l'Europe. Ceux qui ne fuiraient pas la région pour grossir les rangs des mendiants à Niamey et Bamako se lanceraient dans des trafics illicites mais juteux : la drogue, les faux médicaments, les armes… Les enlèvements d'Occidentaux aussi, revendus ensuite à Al Qaida. Je frémis en repensant à Bruno. Mais puisque Bernard disait détenir la solution… En achetant trop cher un bijou sans doute bien moins ancien que ne le prétendait le marchand mais authentique, j'avais l'impression de conjurer le sort, d'empêcher qu'il soit arrivé quelque chose à Bruno, comme ces gens qui donnaient aux organisations de lutte contre le cancer dans l'espoir de ne pas tomber malades.

Laissant les membres du groupe s'acharner à extorquer au commerçant le rabais qu'il ne voulait pas consentir, je sortis de la boutique. Mick était là, seul pour une fois. Il plaisantait avec un vieil homme qui vendait des sortes de taies d'oreiller. Je m'approchais de lui.

— Eh bien, tu as abandonné tes petites étudiantes ?

Il prit l'air offensé.

— Ce ne sont pas les miennes, mais les tiennes je te signale.

— Mais elles avaient l'air à ton goût, non ?

— Laura ! Comment peux-tu me dire une chose pareille ? Après tout ce que nous avons vécu ensemble, tu ne sais pas encore que les petites jeunes ne sont pas mon rayon ? Je ne suis pas comme ton ex, moi !

Je n'insistai pas. Il avait dû se faire rembarrer, préférant l'amnésie à l'humiliation.

Frédéric nous avait rejoints. Ensemble nous achetâmes des clémentines de l'oasis. Frédéric paya immédiatement le prix que demandait le vendeur.

— Tu ne marchandes pas ? lui jeta Mick.

— Un euro les deux kilos, et tu voudrais encore marchander ?

La voix coupante de Frédéric n'appelait pas de réponse. Mick rougit et se le tint pour dit.

Je mordai dans une clémentine. Elle était aussi goûteuse que pleine de pépins. La grande distribution n'était pas encore passée par là pour imposer ses codes. Tout en recrachant la dizaine de graines intempestives qui suffisaient à elles seules à m'emplir la bouche, je profitai de la présence de Frédéric pour m'enfoncer dans les ruelles. Pour une fois que je me sentais en sécurité…

Sans rien dire, il m'emboîta le pas. Mick, vexé, suivait derrière nous, harcelé par le vieux monsieur qui avait décidé de lui vendre coûte que coûte une de ses taies d'oreiller. Ou de torchons, je ne voyais pas très bien. Étrillé par la remarque de Frédéric, Mick n'osait plus le remballer. Pour se débarrasser élégamment du vieux, il finit par lui tendre un billet de dix euros. L'autre en resta tout interdit. Un sourire fendait sa bouche édentée d'une oreille à l'autre.

— Tu viens manger le mouton chez moi quand tu veux !

Frédéric qui n'avait rien perdu de l'échange me jeta un coup d'œil. Nous éclatâmes de rire.

Mick tourna les talons et disparut en quelques enjambées dans une ruelle adjacente. Je l'appelais, mais il ne se retourna pas.

— Laisse, il ne te mérite pas.

Je me tournai vers lui, interloquée. Il sourit :

— J'étais à côté de toi, hier soir, dans la forteresse.

— Mais je ne t'ai pas vu !

— Personne ne me voit jamais, mais j'étais là.

— Alors tu as entendu ma conversation téléphonique ?

— Difficile de faire autrement…

Je rougis. Il poursuivit, de plus en plus facétieux :

— Est-ce que tu sais qu'Isabelle joue les marieuses ? Elle ne cesse de me faire l'article à ton sujet…

Je n'en revenais pas du flegme avec lequel il m'exposait la situation. Cette conversation me mettait mal à l'aise. Je ne m'y attendais pas. En voulant jouer les marieuses, Isabelle n'avait pas respecté les codes de la rencontre. Je ne savais plus quelle attitude adopter. Frédéric, lui, n'avait pas l'air très perturbé. L'audace des timides ? Ou le savoir-faire achevé des séducteurs ? Ne sachant sur quel pied danser, je restais sur la défensive, consciente d'être aussi cramoisie que les murs de Timimoun. Frédéric marchait à grandes enjambées sans parler, tandis que je trottinais à ses côtés pour ne pas me laisser distancer.

— Isabelle, c'est une fille que j'aime beaucoup, dis-je au bout d'un moment, histoire de meubler la conversation.

Frédéric ne fit aucun commentaire, mais son silence prudent était encore plus éloquent.

— Tu ne l'apprécies pas ?

— Je m'en méfie.

— Pourquoi ?

— Elle t'a raconté d'où elle vient ?

— Oui, je sais qu'elle a été pendant dix ans l'épouse d'un voyagiste. Un homme beaucoup plus âgé qu'elle et qui la traitait mal. Elle a divorcé maintenant.

— Elle t'a dit qu'elle s'était mariée à Timimoun en affrétant un avion privé ? Il y avait plus de cent cinquante personnes, toute la jet set, la télé, les paillettes...

Je n'en revenais pas. Isabelle ? Si c'était vrai, elle avait bien changé. Je repensais à elle, dormant avec moi dans la petite chambre dépouillée. Frédéric me déplaisait d'un seul coup avec ses insinuations.

— En tout cas, tout ça c'est bien fini pour elle : elle a choisi de vivre avec un dresseur de chevaux. Et je crois même qu'elle attend un bébé de lui.

Une fois de plus, je changeais de sujet de conversation.

— Et toi, tu as des enfants ?

— Oui, six.

La nouvelle me coupa le souffle. Six enfants ? Et c'était cet homme qu'Isabelle voulait me refiler pour que j'oublie Marc ? Frédéric m'apprit tranquillement qu'il avait déjà été marié trois fois. Ses deux plus jeunes fils n'avaient pas encore dépassé quatre ans.

Je poursuivis la conversation, mais ma religion était faite. Non, décidément, je n'avais aucune envie de replonger dans de telles affres. Accueillir six enfants, en sus des trois miens, un week-end sur deux et pendant les vacances scolaires était au-dessus de mes forces. Quelle mouche avait piqué Isabelle ?

Nous nous retrouvâmes tous pour déjeuner ensemble dans une petite gargotte, à même la rue. Timimoun était en liesse. Partout des hommes vêtus de blanc brandissaient leurs fusils. J'interrogeais Moundir.

— Que se passe-t-il ?

— C'est la fête. La Zaouïa.

— Qu'est-ce que c'est ?

— Nous célébrons la naissance du prophète.

— C'est pour ça qu'il y a tant de monde dans les rues ?

— Oui, c'est une grande fête.

Encore une fois, pas une femme. Des hommes s'adressant aux hommes. Nous étions dans une société masculine, patriarcale, où elles n'avaient pas droit de cité.

J'en avais assez de ce monde clos, autoritaire. Je voulais rentrer.

Laissant le groupe qui commençait à m'irriter, je me levais. C'est curieux, mais Timimoun ne m'inquiétait plus. J'avais l'impression d'avoir digéré la ville, d'y être en sécurité. D'un seul coup, j'avais la conviction qu'il n'était rien arrivé de grave à Bruno.

Tandis que je m'enfonçais dans les ruelles, le vieil homme qui avait harcelé Mick m'aborda :

— Tu veux bien m'acheter ces housses de coussin ? Tissées à la main.

Je jetai un coup d'œil. Elles étaient belles en effet, toutes de brun et d'écru, un vrai travail d'artisan.

— Combien en veux-tu ?

— Six cents dinars l'une. Mille dinars les deux.

Comme Mick, je lui tendis un billet de dix euros. Le sourire édenté ressurgit aussitôt.

— Viens manger le mouton à la maison !

— Je ne peux pas, j'ai un avion à prendre.

— Rate ton avion, tu es mieux ici.

— Non, ce n'est pas possible : je dois retrouver mes enfants.

— Dieu te garde.

En inclinant la tête, il porta la main à sa poitrine.

Je marchai encore quelque temps. Les rues étaient pleines de monde. L'atmosphère me plaisait. Peu à peu, je commençais à voir les femmes. Elles étaient partout en réalité, omniprésentes, me jetant des coups d'œil curieux depuis leurs terrasses. J'entendais rire les petites filles derrière les claustras ouvragés. Voir sans être vu, telle était la philosophie de Timimoun. La ville bruissait de mille regards curieux qui se dérobaient à l'étranger.

— Laura !

Qui m'appelait ainsi ? Je me retournais. Bruno était là, derrière moi. Il portait une djellaba et d'étranges pantoufles percées, comme un clochard.

— Bruno, où étais-tu ? nous avons eu tellement peur !

En parlant, je lui avais pris le bras, machinalement. Il posa sa main sur la mienne.

— Tout va bien. Il n'y avait pas d'inquiétude à avoir.

Je le vis alors. Un homme se tenait non loin de lui, le visage presque entièrement caché derrière un chèche blanc. Je reconnus Bachir, l'homme en blanc qui avait assisté au débat le premier matin, chez Moussa.

Tout s'expliquait. La colère persistante de Mohammed, le calme de Bernard, qui devait être au courant des amours de Bruno. Il n'était pas question d'enlèvement, de kidnapping. D'un seul coup, j'eus peur pour Bruno : cette société ne tolérait guère ces libertés-là.

Comme s'il avait suivi mes pensées, Bruno me sourit :

— Ne t'inquiète pas, je repars avec vous.

— Et lui ? dis-je en désignant son ami.

— Il m'accompagne. Tout est arrangé.

Comment était-ce possible ? Je connaissais l'intolérance de la France dès qu'il s'agissait des immigrés, et l'intolérance du Maghreb pour ceux qui avaient choisi d'autres amours.

Bruno vit mon incrédulité. Il me répéta :

— Ne t'inquiète pas Laura, tout est arrangé. Retourne vers les autres, l'heure du départ approche.

— Tu vas partir avec ces godasses ?

Il suivit mon regard atterré. Éclata de rire.

— Idiote ! Ce sont les chaussures du désert. Le trou à l'orteil, c'est fait exprès. Tu vois bien qu'il y a le même sur les deux pieds ?

— Oui, elles sont vraiment très usées.

— Mais pas du tout ! Je les ai achetées avant-hier. C'est une spécialité de Timimoun. Elles sont percées pour laisser ressortir le sable. On appelle ça des boumentel.

— Tu vas avoir du mal à expliquer ça à tes copains en France…

Je me dirigeai vers l'autocar. Bruno avait raison : tout le groupe attendait à proximité. Dès qu'il m'aperçut, Mick se dirigea vers moi :

— J'ai eu peur pour toi.

— C'est vrai que tu devais être mon garde du corps…

Une légère rougeur apparut sur ses pommettes.

— Je reconnais que je n'ai pas été tout à fait à la hauteur. Mais pourquoi aussi m'as-tu exilé avec tes étudiants ?

— Je n'ai pas eu le choix, Mick. Sauf à proclamer à la cantonade qu'en tant qu'ancien amant, tu partagerais ma chambre. Reconnais que cela n'aurait pas été très judicieux…

— Oui, mais du coup, on ne s'est pratiquement pas vus.

— Ce n'est pas grave. Tu as passé un bon séjour ?

— Oui, et je voulais t'en remercier. J'adore l'Algérie. Et je compte retourner à Timimoun plus calmement, prendre le temps de découvrir la ville, de marcher dans le désert. Tu m'accompagneras ?

— Avec plaisir.

Nous nous installâmes ensemble dans l'autocar. L'information concernant Bruno avait dû circuler car plus personne ne semblait inquiet. Pour l'heure, ce qui préoccupait les voyageurs, c'était leurs achats. Ils ne parlaient que des rabais qu'ils avaient réussi à obtenir pour un artisanat encore tellement authentique que c'en était incroyable. De vrais pax en effet. L'autocar était envahi de leurs emplettes. On arrivait à peine à prendre place. Derrière, suivait l'autobus des VIP. Nous n'aurions pratiquement eu aucun contact avec eux pendant notre séjour. Je n'avais pas revu Joël, il devait se planquer.

D'un seul coup, je notais que je n'avais eu aucun message de Marc depuis la veille au soir. C'est curieux, l'espace d'une journée, il était sorti de mon esprit. C'était la première fois depuis mon divorce qu'il se dissolvait dans mes préoccupations quotidiennes. Comme s'il était en train de s'éloigner à l'horizon, de rapetisser jusqu'à devenir une silhouette flottante, un mirage sans consistance. J'avais du mal à m'expliquer le phénomène. C'était peut-être ça, la cicatrisation. Quand la vie d'avant commençait à s'estomper, petit à petit, à devenir un souvenir, même pas désagréable au fond. Une existence qui s'était déroulée et n'avait plus lieu d'être, mais qu'on n'avait pas envie de renier. La page était tournée, voilà tout.

Les autobus roulaient vers l'aéroport. Nous passâmes sous la porte du Soudan. Ma dernière vision de Timimoun.

14

Sérénité

À l'aéroport, beaucoup restèrent à l'extérieur, pour fumer une dernière cigarette, prendre le temps de rassembler leurs bagages et de savourer une dernière fois l'air du désert. Mes étudiants s'approchèrent en délégation, menés comme il se doit par Juan. Fauvette suivait de près.

— Madame, nous n'avons pas fini notre travail. Est-ce que vous accepteriez que nous restions une semaine de plus ? Ce sont les vacances scolaires de toute façon.

J'hésitai.

— Vous pensez que c'est possible ?

— Oui, nous nous sommes permis d'en parler à Ferdinand. Ses vols deviennent hebdomadaires à partir de maintenant. Mais les touristes qu'il va emmener ne repartiront pas avant la semaine suivante. Son avion sera vide au retour. Il veut bien nous prendre.

Une forêt de visages anxieux me cernait, me rappelant ceux de mes enfants lorsqu'ils voulaient passer la nuit chez leurs copains. Ne pas leur montrer tout de suite que leur projet me plaisait.

— Et vous allez dormir où ?

— En campement, comme cette semaine. Nous avons évoqué la question financière avec notre logeur. Il nous fait un prix, repas inclus.

Juan avait convoqué sur sa face l'air le plus sérieux dont il disposait. Il attendait, grave et responsable. Mais Fauvette intervint avec sa spontanéité habituelle :

— Dites oui, madame ! On est tellement bien ici !

— D'accord. Mais vous vous tenez bien. Et vous préparez de vrais dossiers. Vous les présenterez à la rentrée.

J'avais pris l'air sévère, alors qu'en réalité, j'adorais leur façon de profiter de ce qui était mis à leur disposition. Ils me remercièrent à l'unisson. Les connaissant, je ne doutais pas qu'ils se comporteraient parfaitement. La joie éclairait leurs visages. Heureusement que je n'avais pas signé l'ordre de mission : l'université m'aurait accusée de les avoir abandonnés dans le désert comme une portée de chiots…

Je leur souhaitai une bonne semaine, ajoutant quelques recommandations de mère de famille qui les firent sourire. Nous nous donnâmes rendez-vous quinze jours plus tard. Tandis que je me dirigeai immédiatement vers le comptoir d'embarquement, je les vis sauter au cou de ceux qui repartaient. Ils embrassaient tout le monde comme du bon pain. Je les entendis dire à Mick : « Donc, tu viendras nous faire cours, c'est promis ? Tu nous parleras de ton boulot à Marseille ? » Allons bon. J'imaginais bien Mick intervenir à l'université, ça allait décoiffer. Mais après tout, pourquoi pas ?

J'étais fière de l'image qu'ils avaient donnée, mes petits étudiants. Elle valorisait mon métier face à des personnes qui n'avaient peut-être pas, au départ, une bonne opinion de l'université. Le groupe s'était rendu compte de l'utilité de la géographie. Si ça pouvait ouvrir des débouchés à ces gamins qui n'avaient pas la partie facile…

J'entrai dans l'aéroport, encore vide. Pour la première fois depuis le début de notre séjour, les policiers rivalisaient d'amabilité. Peut-être avaient-ils pris conscience que nous ne représentions pas un danger pour eux. Peut-être aussi voulaient-ils que nous repartions avec un bon souvenir de l'Algérie. Peut-être étaient-ils tout simplement soulagés qu'il ne nous soit rien arrivé…

Ils prirent mon passeport avec un sourire engageant, me remirent ma carte d'embarquement et m'invitèrent à me rendre dans la salle d'attente. Je l'apercevais de l'autre côté du portique de sécurité. Elle était encore vide, une simple pièce peu hospitalière. Les autres n'avaient pas envie de s'y installer tout de suite : ils entendaient bien profiter une dernière fois du bar situé à l'étage. Les Argentins avaient de nouveau envahi les files d'attente avec leur incroyable barda, mais je savais maintenant ce que dissimulaient les formes étranges de leurs bagages. Le percussionniste me sourit gentiment, une nouvelle fois. Sa choriste était juste à côté de lui, cette femme émaciée au visage douloureux qui m'avait fait tant vibrer la veille. Je compris qu'elle était sa compagne.

Une fois de plus, Mick avait disparu. Il était monté à l'étage avec les étudiants, il paraît qu'il y avait un bar. Le grégaire Mick, incapable de me consacrer plus d'une minute par jour. Heureux lorsqu'il pouvait se fondre dans la masse. La fraternité des groupes. Plaisanteries et anecdotes sans importance, sur fond de bières et de cigarettes qui créaient du lien et déliaient les langues. Est-ce qu'on servait de l'alcool à l'aéroport de Timimoun ? Sans doute : presque tous les aéroports du monde fonctionnaient comme des zones franches. Des matrices rassurantes qui accueillaient les voyageurs en transit et les occupaient le temps qu'arrive l'heure de leur vol, tout en pompant leurs dernières devises.

Moi, je n'avais pas envie d'attendre dans le hall. Je saluai Moundir et les autres guides, pris les cartes de visite qu'ils me tendirent. Ils avaient été d'une exquise courtoisie pendant tout notre séjour. Et pourtant, je n'étais pas sûre que notre comportement ait été à la hauteur. Mais j'avais une petite idée qui était en train de germer en moi. Il fallait que je trouve Ferdinand.

Je passais les formalités du contrôle policier. Une femme noire me palpa la totalité du corps en riant. À peine entrée dans la salle d'embarquement, je réalisais que j'avais oublié de prendre la bouteille d'eau que Moundir m'avait offerte. Et c'était normal : depuis qu'un imbécile avait tenté de faire exploser une bombe liquide, il n'était plus question de franchir les portiques de sécurité avec le moindre récipient. Mais la femme me laissa repasser dans l'autre sens pour récupérer celle que Moundir m'avait apportée. S'il fallait passer des heures dans la salle d'attente, ce serait un précieux viatique. J'étais décontenancée par le côté bon enfant des policiers, courtois, souriants, tolérants. Quel contraste avec la suspicion qui avait accueilli notre arrivée, la caméra thermique, les contrôles, la surveillance omniprésente… !

La salle d'attente était calme. Personne encore, ou presque. Si, Frédéric était déjà là. Il lisait tranquillement dans son coin. Bien que je sache d'expérience combien ceux qui sont plongés dans la lecture détestent être dérangés, j'allai néanmoins le retrouver.

— J'ai acheté un livre à la forteresse, passionnant. Sais-tu pourquoi les gens d'ici ont les dents jaunes ?

Il m'expliqua : le sourire des habitants de Timimoun était souvent gâté par la teneur en fluor de l'eau, excessive. Et comme les pâtes dentifrices en contenaient aussi, cet excès jaunissait irrémédiablement l'émail.

Frédéric aurait passé tout son voyage en solitaire. Il rapportait, j'en suis sûre, infiniment plus de vérités sur Timimoun que nous, qui nous étions épuisés en conférences, en attentes vaines, en déambulations sans but.

Je m'installai à l'autre bout de la pièce. J'avais envie d'être seule une fois de plus, envie de réfléchir à cette transformation qui était en train de s'opérer en moi. Pourquoi le souvenir de Marc avait-il cessé de me faire souffrir ?

Je convoquai ma mémoire, cherchant la douleur qui m'avait tenu compagnie depuis ma séparation, comme on titille sans relâche une dent cariée pour prendre la mesure de son mal, mais la douleur avait bel et bien disparu. La dent avait-elle miraculeusement guéri ? Ou bien était-elle définitivement morte ? Juste un chicot à arracher… mais qui laisserait un trou béant ? Avais-je atteint la sérénité ou l'insensibilité, il me restait encore cette question à élucider. Pourtant, je me découvrais étrangement délivrée, comme allégée. La vie de Marc ne me concernait plus. En se mariant, il me signifiait enfin que nous avions franchi le point de non-retour. Notre histoire était terminée.

J'avais des milliers d'envies. Il y avait tellement de choses à faire qui n'étaient pas possibles avant ! Emmener les filles dans de longs voyages à cheval à travers le monde, la pampa argentine, la Mongolie, l'Ouest américain… Il existait désormais des agences spécialisées dans l'aventure équestre, il était temps d'en profiter pendant que j'étais encore en pleine possession de mes moyens physiques. Romain rêvait de découvrir l'Islande, Anna la Suède, Fanny l'Écosse. Nous n'y étions jamais allés : Marc n'aimait pas les pays froids. Il fallait que je les emmène, tous les trois. J'adorais le vert intense des fougères, les fjords, les villes colorées du Nord. Et puis changer la décoration de la maison. Pour plaire à Marc, nous vivions dans un salon rouge et brun, avec de grands plateaux de cuivre et des banquettes garnies de coussins rayés à la marocaine. J'allais virer tout ça, retrouver mes couleurs à moi, des bleus, des blancs, des beiges. Me récréer une atmosphère qui me correspondrait. Qu'est-ce que j'avais hâte de rentrer !

Mon téléphone sonna. C'était Anna. Le portable était devenu le nouveau cordon ombilical qui permettait aux mères de ne jamais se couper de leurs enfants.

— Je viens de recevoir un texto de papa. Tu n'en croiras pas tes oreilles : il a plaqué Shéhérazade !

Je ne sais pas pourquoi, l'information ne me convainquait pas.

— Peux-tu me dire ce qu'il écrit exactement ?

— Oui, je peux te dire que la formule m'a marquée. Il dit, je le cite : « Avec Shéhérazade, nous avons décidé de nous séparer quelques mois. »

Après avoir vérifié que tout allait bien dans la vie de ma fille – ce qui signifiait que ses chats norvégiens étaient en bonne santé et qu'ils n'avaient ni fugué, ni dénudé le fil électrique fatal –, je raccrochais pour réfléchir tranquillement.

L'information était de taille. Mais je connaissais suffisamment Marc pour savoir qu'il y avait anguille sous roche. S'il avait vraiment décidé de quitter sa compagne, j'en aurais été la première informée. Il aurait été trop fier de jouer les matamores.

Non, il en parlait à sa fille. Et sa formulation paraissait plus qu'ambiguë. « Avec Shéhérazade… », qu'est-ce que ça voulait dire ?

La réalité m'apparut soudain, élémentaire : il venait de se faire larguer ! La jeune femme n'avait pas supporté son infidélité, ses sautes d'humeur. Elle avait enfin compris ce à quoi elle se préparait. Peut-être aussi avait-elle été effrayée par les cinquante ans largement sonnés de Marc, réalisant que l'écart qui la séparait de lui ne pourrait que se creuser avec le temps, qu'elle aliénait sa beauté et sa jeunesse au service d'un homme vieillissant que les soucis dévoraient. Et qui, non content de la transformer en faire-valoir, allait lui gâcher la vie.

J'éclatai de rire. Absorbé par sa lecture, Frédéric ne releva même pas la tête. Il était bien piégé, le séducteur ! Partir, tout quitter, abandonner sa famille… et se faire larguer. Voilà pourquoi il ne donnait pas signe de vie… Il devait être en train d'essayer de récupérer sa belle avant que nous n'ayons vent de son infortune, tout en préparant sa version des faits pour se donner une fois de plus le beau rôle.

J'imaginais ses efforts. Les séducteurs finissaient tous de la même façon : s'ils ne décrochaient pas une jeunette qui devenait leur infirmière dévouée pour les trente dernières années de leur vie, ils se retrouvaient seuls, abîmés par les années et les excès, et avaient le bon goût de mourir pile au moment où leur échec devenait trop flagrant. Dans tous les cas, il y avait en arrière-plan une première épouse et des enfants meurtris, qui finissaient par se reconstruire et regardaient de loin le père irresponsable, Dorian Gray de pacotille. Si Marc ne parvenait pas à récupérer sa belle, il y avait fort à parier que d'ici quelques semaines, il négocierait son retour piteux au bercail. Tout en osant l'assortir de conditions, fidèle à la morgue qui le conduisait à penser que les règles communes ne s'appliquaient pas à lui : « Laisse-moi ma liberté. En échange, tu peux compter sur moi. »

À cette pensée, tout mon corps se hérissa. Non ! J'avais enfin réussi à faire tomber les murs de ma prison, il n'était pas question que j'accepte à nouveau qu'un homme me dicte sa loi, m'impose son comportement indécent. Nos enfants, je les élèverais seule maintenant. Il avait déserté. Il n'y aurait pas de seconde chance. Jamais plus, je ne retomberais dans le piège.

Ma liberté toute neuve me fascinait, j'en avais toujours rêvé sans la croire possible. Elle m'était tombée toute crue du ciel, grâce à Shéhérazade que je ne remercierais jamais assez de m'avoir involontairement libérée du fardeau de ce couple, dont il m'avait fallu des années pour comprendre combien il était dégradant. Marc avait eu la générosité de me rendre ma liberté en me laissant tout. Qu'il refasse désormais sa vie puisque tel était son choix !

15

Cap au vent !

J'entendis derrière moi une mélopée très douce. Le groupe des Argentins venait de passer les portiques de sécurité. Ils s'étaient tous assis derrière moi, avec tous les paquets qu'ils n'avaient pas voulu mettre en soute – j'en reconnaissais certains maintenant –, et ils chantaient en chœur un texte qu'ils étaient en train de déchiffrer.

— C'est très beau.

L'homme aux cheveux blancs me sourit. Il avait le plus beau sourire qu'on puisse imaginer.

— C'est un chant quechua.

J'appris enfin qu'il s'appelait Alejandro, sa compagne Susanna. Tous deux parlaient français. Je leur confiais l'émotion que j'avais ressentie en entendant *Lonken,* ils m'expliquèrent que leur groupe de musique s'était donné pour but de réconcilier les instruments traditionnels amérindiens avec les technologies les plus modernes. Ils mêlaient ainsi des sons ancestraux à des lutheries électroniques, mobilisant toutes sortes d'objets dans le but de produire des sonorités sans équivalent musical connu.

Toute la troupe était à présent rassemblée autour d'Alejandro pour déchiffrer la partition, psalmodiant en chœur, dans cette salle d'attente qui commençait tout doucement à se remplir, comme s'ils avaient été seuls au monde. Les passagers s'agglutinaient un à un autour d'eux, fascinés. Je les écoutais avec le même bonheur que la veille, dans le désert. J'adorais ces musiciens. L'attente s'éternisait mais je n'en avais cure. L'avion qui devait nous ramener en France était toujours bloqué à Roissy par le gel. Nous n'étions pas près de quitter l'Algérie ! Isabelle fit passer parmi nous une corbeille de dattes et de clémentines.

Comme mes étudiants, Mohammed, après ses trois jours de bouderie, était resté à la forteresse : il avait enfin obtenu son accréditation et disait vouloir effectuer son reportage. Je pensais qu'il voulait surtout ne pas abandonner derrière lui Bruno, espérant le reconquérir comme j'avais cru pouvoir reconquérir Marc, avant de comprendre combien ce projet était absurde. Mohammed devait ignorer que

Bruno repartait lui aussi. Il allait se retrouver isolé à Timimoun avec sa colère et son chagrin.

Bernard et Malia, eux, ne se quittaient plus. Je les apercevais à l'autre bout de la pièce, enlacés. Malia avait confié à Isabelle qu'après tant de voyages où elle avait côtoyé cet homme qui lui plaisait sans oser sauter le pas, celui-là avait été le déclic qui lui avait fait comprendre qu'elle devait enfin brusquer les choses.

Un accord de guitare se fit entendre à l'autre bout de la pièce. C'étaient les guitaristes manouches qui avaient sorti leurs instruments, pour tromper eux aussi leur attente. Le centre de gravité de la pièce se déplaça vers eux. Il suffisait de faire quelques mètres pour changer d'univers : la mélopée quechua ou les accords tziganes, chacun pouvait choisir. Les Indiens d'Amérique du Nord, enfin débarrassés de leurs plumes, considéraient tout cela d'un air interloqué. L'un d'eux ressemblait au grand Indien qui jouait dans *Vol au-dessus d'un nid de coucou.* Toujours soucieuse de créer du lien autour d'elle, Isabelle alla leur proposer des dattes.

Il régnait dans cette salle d'attente un capharnaüm bon enfant, comme si Timimoun avait réconcilié chacun avec lui-même, comme si nous venions de passer un interminable séjour tous ensemble. Bernard et Malia discutaient avec Zohra et Emmanuel. Ces deux-là aussi s'étaient enfin trouvés.

Mon portable sonna. C'était Anna de nouveau.

— Papa vient de m'envoyer un nouveau texto. Il me dit de ne rien te dire.

— Évidemment.

Shéhérazade et lui avaient dû se rabibocher. Une simple dispute d'amoureux. Je connaissais les sautes d'humeur de Marc, son insatisfaction profonde. La jolie Marocaine héritait d'un homme déjà bien usé par la vie et les compromissions. Pauvre Shéhérazade… Elle récupérait mes restes, et ces restes ne valaient pas qu'une jeune fille belle comme elle y consume sa jeunesse. Comme j'aurais été triste si Anna m'avait annoncé qu'elle avait décidé d'épouser un quinquagénaire divorcé, déjà père de trois enfants ! Pauvre Shéhérazade… J'avais presque envie de la protéger de l'erreur qu'elle était en train de commettre, même si peu m'importait au fond : elle avait fait son choix en toute connaissance de cause, « majeure et vaccinée » comme elle le rétorquait à ceux qui avaient essayé de la mettre en garde.

J'écoutai longuement le chant des Argentins, jusqu'à ce que la répétition s'achève. Alejandro discuta quelques instants avec moi, m'offrant avec beaucoup de simplicité un enregistrement de son travail. Il n'avait pas l'air de regretter son voyage. Susanna aussi était délicieusement conviviale, bien que peu dupe, probablement, de l'attraction que son compagnon exerçait sur la gent féminine.

Alejandro régnait avec une assurance tranquille, faite de gentillesse et de charisme. Il s'allongea sans façon par terre, au milieu de son barda, et s'endormit presque instantanément, malgré le brouhaha.

Isabelle s'était assise à côté de moi. Elle me chuchota qu'elle n'avait toujours pas ses règles et que ses seins commençaient à lui faire mal. J'étais heureuse pour elle. Elle allait connaître le bonheur immense de mettre un enfant au monde. Sans lui dévoiler les rumeurs dont j'avais eu vent, je lui posai la question de son premier mariage. Timimoun ? Non Frédéric s'était trompé : c'était à Tamanrasset. Un avion privé, le luxe, l'exposition maximale, comme Marc. Mais l'union avait tourné en eau de boudin. Ceux qui l'accusaient d'avoir conclu ce mariage par arrivisme faisaient fausse route : elle était tombée sincèrement amoureuse de son premier mari, malgré la différence d'âge, persuadée qu'il saurait la protéger, la guider, lui donner une direction et la force qui lui manquaient. Exactement ce que devait croire Shéhérazade, avec autant de naïveté et de sincérité. Ni l'une ni l'autre n'étaient des ambitieuses sans scrupule. Juste des filles sincères, prêtes à se mettre tout le monde à dos par amour.

Isabelle avait eu le courage de tout plaquer pour s'allier avec l'homme de son cœur, ce dresseur de chevaux sans fortune, décevant une nouvelle fois ses parents qui auraient voulu lui voir conclure un « beau » mariage.

— Tu verras, dès que ta mère saura que tu es enceinte, elle sera tellement heureuse que vous vous réconcilierez.

Isabelle fondit en larmes. J'avais touché un point trop sensible. Je la pris dans mes bras.

Mon téléphone sonna à nouveau. C'était encore Anna, surexcitée : Shéhérazade venait d'appeler à la maison.

— Elle a demandé à te parler. Je lui ai dit que tu n'étais pas là.

— Tu as pris ses coordonnées ?

— J'ai essayé mais elle a dit qu'elle rappellerait. Gonflée non ?

— Mais comment a-t-elle eu notre numéro ?

— Je ne sais pas. Du coup, j'ai appelé papa. Il était en train de faire un footing. Apparemment, elle a fouillé sur son portable en son absence.

Anna paraissait très choquée. Moi non, plutôt amusée. Elle m'impressionnait, cette petite. Pas froid aux yeux. Que voulait-elle me dire ? Que j'avais gagné ? Qu'elle me rendait mon abominable mari ? J'en étais réduite à toutes les supputations.

Et toujours pas de nouvelles de Marc. Il brillait par son silence. Je l'imaginais, mené par le bout du nez par cette petite demoiselle qui s'immisçait dans ses secrets et lui dictait sa loi du haut de ses vingt ans, de sa jeunesse conquérante. Pauvre Marc…

J'aurais bien aimé l'avoir au téléphone, cette fille. Depuis six mois, Marc avait soigneusement cloisonné sa vie, refusant catégoriquement que nous entrions en contact, l'une et l'autre. Je savais trop pourquoi : il avait aménagé sa vérité à lui, tenant à chacune d'entre nous des propos bien différents. À elle, que c'était fini avec moi ; à moi qu'il était obligé de se marier. Il devait redouter comme la peste que nous confrontions nos versions !

Shéhérazade ne rappela pas. Ils avaient dû se réconcilier tous les deux. Grand bien leur fasse. Qu'elle le garde surtout, qu'elle le tienne bien serré !

Les heures s'égrenaient. L'avion qui devait nous ramener venait tout juste de décoller de Paris. La salle d'attente se muait peu à peu en un immense camp de rétention : ceux qui s'allongeaient par terre pour dormir, comme Alejandro, ceux qui sortaient leurs victuailles, ceux qui téléphonaient en braillant, les bébés qui braillaient sans téléphoner, un couple en train de s'engueuler dans un coin, lassé de la proximité que les vacances lui avaient imposée… Les guitaristes manouches surimposaient sur ce brouet leurs accords endiablés qui n'enchantaient plus personne.

— Et dire qu'il y a des gens qui paient pour se taper ce genre de voyages !

Emmanuel venait de résumer le sentiment général. Tout le monde en avait assez. Assez d'attendre, assez de voir peu à peu disparaître les correspondances à Paris avec les autres avions, les trains, les autocars. Nous allions passer une nuit blanche en arrivant trop tard à Roissy. Il n'y aurait plus de métro. Chaque heure écoulée alourdissait le coût du voyage.

Mais je m'en fichais. J'étais bien, même si j'avais envie de rentrer maintenant. Incroyable tout ce que j'avais hâte d'entreprendre !

Les policiers ne s'intéressaient plus à nous. Depuis que tout le monde était passé par les portiques de sécurité, ils avaient déserté l'aéroport. On aurait pu rentrer n'importe quoi dans l'avion.

Enfin Ferdinand surgit dans la salle d'attente. Il avait dû mettre à profit tout ce temps pour raffermir ses positions avec les autorités. Depuis des heures, je le guettais. Je fondis sur lui.

— Il te reste de la place dans ton avion ?

— Oui, celles de tes étudiants, puisqu'ils ont décidé de rester une semaine de plus. Je rentre à vide pour un tiers de ma capacité.

— Tu n'as pas envie d'en profiter pour offrir des places à des Algériens ?

Je pensais à ce que nous avait dit Moussa, à Aïcha, à tous ceux qui n'arrivaient pas à rendre visite à leur famille depuis des années, faute d'obtenir les autorisations nécessaires...

Ferdinand ne parut même pas surpris. Il arborait l'air que je connaissais bien chez lui, celui du garnement qui vient de comprendre qu'il allait pouvoir tirer des sonnettes.

— Tu penses que j'aurais dû me battre pour obtenir des visas pour eux, c'est ça ?

J'acquiesçai.

— Il n'y a aucune raison pour que nous puissions, nous, aller passer le week-end en Algérie et pas eux en France.

— Téléphone à Moussa. J'appelle le consul.

Ma parole, il me prenait pour Victoire ! Où était-elle d'ailleurs ? Peu importait. L'enjeu valait que je ne me formalise pas de son ton impérieux. Nous nous installâmes un peu à l'écart du brouhaha.

Dès que je l'eus en ligne, Moussa comprit tout de suite où je voulais en venir.

— Combien me donnez-vous de places ?

— D'après Ferdinand, environ trente.

— OK, je vous recontacte tout de suite.

Quand je raccrochai, Ferdinand m'apprit que le consul acceptait de se déplacer pour délivrer les autorisations nécessaires.

— Comment se fait-il qu'il ait été aussi conciliant ?

— Il n'aime pas la politique de l'Europe en matière d'accueil des étrangers. Et celle de la France encore moins : on dirait qu'elle a oublié que l'Algérie a été un département français. S'il peut nous rendre service, il le fera : j'ai rapatrié une partie de sa famille pendant le génocide rwandais. Il était en poste là-bas. Sa femme est tutsie.

Quelques instants plus tard, Moussa me rappela. Tout était allé très vite, comme si les habitants de Timimoun étaient depuis longtemps sur les starting-blocks. Des parents qui n'avaient pas revu leurs enfants immigrés en France depuis tant de temps qu'ils croyaient mourir sans les retrouver, des jeunes qui n'attendaient que cette occasion… tous étaient prêts à partir immédiatement. Depuis des années et des années, ceux qui s'étaient exilés n'osaient pas rentrer au pays, de peur de ne pas avoir le droit de revenir. Et ceux qui vivaient en Algérie n'avaient jamais obtenu les visas pour se rendre en France, même en vacances, malgré toutes les garanties demandées par les consulats, le billet de retour, le certificat d'hébergement, l'enquête des mairies, auxquels ils souscrivaient scrupuleusement, sans succès. Des milliers de gens vivaient ainsi, séparés des leurs, avec le sentiment d'être acculés entre leur choix économique – trouver un travail, envoyer un revenu au pays, ne pas laisser les siens mourir de faim – et leur cœur – se couper de ses racines, affronter une terre étrangère et souvent hostile. Beaucoup avaient choisi l'exil la mort dans l'âme. C'était une question de survie. L'opportunité que leur offrait Ferdinand, ils la saisissaient, sans se demander ce qu'ils allaient emporter, ce qu'ils allaient faire une fois en France : la fenêtre qui venait de s'ouvrir allait se refermer très vite, ils le savaient.

16

Renaître

Peu à peu, les gens de Timimoun commençaient à arriver. Aïcha était là, accompagnée de vieilles femmes en fichu, ridées comme des dattes séchées au soleil. Elles se confondaient en remerciements, éblouies par la perspective que Moussa venait de leur dessiner.

Aïcha me serra dans ses bras, pleine de gratitude. Elle allait revoir ses fils avant de mourir : ils n'étaient pas revenus à Timimoun depuis huit ans ! Moundir était à ses côtés.

— Je ne sais comment te remercier, me glissa-t-il.

— Essaie d'être heureux et de protéger ta mère le plus longtemps possible.

Ferdinand exultait. Il avait encore monté un coup fumant, qui allait renforcer sa légende. Et peut-être remplir régulièrement ses vols retour, s'il parvenait à créer une rotation régulière d'immigrés entre Timimoun et la France.

Frédéric s'étonnait :

— Mais comment se fait-il qu'elles aient toutes des passeports, ces braves dames ?

— Elles les ont fait faire en espérant rendre visite aux leurs. Et ensuite, elles n'ont jamais obtenu leur visa, répondit Victoire.

Elle était réapparue miraculeusement dans la salle d'attente, en même temps que les Algériens.

— Même les grands-mères, on ne les laisse pas entrer en France ? demanda Agathe, choquée.

— Surtout les grands-mères ! Imagine si elles tombaient malades…

Ferdinand était tout excité. Il passait de petit groupe en petit groupe, discutant avec Moundir, avec Moussa, avec des gens que je ne connaissais pas, mais je reconnus certains visages présents le premier jour lors des rencontres. Victoire, elle, paraissait connaître tout le monde. Forcément : elle avait formé les guides. Elle regardait s'agiter son homme avec une affection qui illuminait son visage livide. Je venais d'apprendre qu'elle avait fait un malaise le matin même, épuisée par ces deux mois passés à Timimoun à essayer de convaincre les généraux d'accepter les avions de son mari, qui leur faisaient concurrence. Mais elle était heureuse de voir ces jeunes, qu'elle avait fini par considérer comme des amis, pouvoir enfin se rendre en France, rencontrer leurs homologues.

— Vous vous rendez compte ? Jusque-là on n'avait jamais réussi à avoir de visas ! lançait-elle à la cantonade.

Tout le monde s'esclaffait, comme si nous étions en train de monter une grosse blague, ébaudis de notre propre audace. Ce n'était qu'échange d'adresses, de téléphones, de mails, de propositions de logement.

J'entendis Moussa s'exclamer :

— Si nos jeunes peuvent se rendre en France, ils vont enfin pouvoir parler français !

À intervalles réguliers, un des VIP surgissait, le visage préoccupé, interroger Ferdinand :

— Vous êtes sûr qu'ils ne vont pas se faire refouler à la douane ?

— C'est à nous de nous battre pour ça, assénait-il chaque fois.

Finalement, il monta sur une table.

— Écoutez-moi bien, vous tous ! Ceux qui nous accompagnent sont mes invités personnels. Mais je vais demander à chacun d'entre vous de se porter garant de l'un d'entre eux. De devenir son parrain. Si on vous pose la question à Roissy, dites bien qu'il est avec vous. Que vous vous engagez à l'héberger.

Constatant que l'enthousiasme de certains commençait à faiblir, il ajouta :

— Même si ce n'est pas vrai, je vous demande de le faire. En réalité, c'est moi qui me porte garant de chacun des passagers de cet avion.

Il se tourna vers les Algériens.

— Je considère chacun d'entre vous comme mon hôte. On vous logera chez nous s'il le faut, hein Victoire ?

Sa femme acquiesça, ravie. Ce ne serait pas la première fois que leur maison se transformerait en dortoir.

— Merci, s'exclama une femme corpulente, dont le voile dissimulait le visage, mais on ne veut pas dormir chez vous, on veut retrouver nos familles ! Je n'ai pas revu mon mari depuis trois ans !

Un vieux monsieur acquiesça vigoureusement. Je le reconnus avec surprise : le vendeur de coussins ! Comment avait-il fait pour se retrouver là ? D'un seul coup, je réalisais que c'était déjà lui, à l'Oasis rouge, qui avait rectifié les propos de Moundir. Il ne nous avait pas quittés depuis notre arrivée. Qu'allait-il faire en France ? Je l'interrogeai.

— Manger le mouton avec mon fils, me répondit-il avec un clin d'œil.

Enfin, l'avion en provenance de Paris se posa sur la piste. Les Algériens se mirent en file, sagement, leurs documents officiels à la main. Ils n'osaient pas encore y croire. Je donnais mes coordonnées à Moundir au cas où il aurait rencontré des difficultés en France. Je savais déjà qu'il subirait des contrôles au faciès à n'en plus finir, avec son chèche, son boubou et ses dents jaunes. Qu'il essuierait probablement le racisme et les remarques méprisantes des quidams s'il ne trouvait pas son chemin dans le métro ou hésitait un peu trop longtemps dans une épicerie. Lui ne se doutait pas de l'hostilité qu'il allait rencontrer. Il était heureux de partir, voilà tout.

J'étais sereine, en paix avec moi-même. Il me fallait bannir de ma mémoire les derniers mois, tout en sachant que ce cheminement avait été nécessaire pour faire le deuil de ma vie d'avant. Enfin, j'avais retrouvé un équilibre, compris que ce que je traversais aujourd'hui n'était pas une punition, mais une chance. Ce que Marc était en train de faire n'avait aucune importance. Un épiphénomène.

Moi, j'avais une mission à remplir. J'avais à faire en sorte que les gens de Timimoun, qui savaient accueillir leurs visiteurs avec tant d'hospitalité et d'indulgence, ne voient pas se fermer devant eux les frontières de l'Europe. Il fallait en finir avec cette arrogance insupportable des pays occidentaux, qui avaient su si bien utiliser leurs colonies quand ils avaient besoin d'une main-d'œuvre taillable et corvéable à merci, pour se transformer ensuite en une forteresse campée sur ses privilèges, sa richesse. Nous étions tous citoyens du monde.

Que Marc vive donc sa vie, puisque c'est celle qu'il avait choisie ! Il ne m'appartenait pas. Il pouvait exercer ses choix en toute liberté. Ces derniers ne regardaient que lui. Je savais qu'il continuerait d'aimer nos enfants. Je pensais même qu'il me conserverait toute sa vie l'estime et l'affection dues à la première épouse, celle qui vous a accompagné quand c'était difficile. Nous redeviendrions complices un jour, quand tout se serait apaisé. Quand j'aurais pris suffisamment de distance pour pouvoir le regarder vivre avec une tendresse amusée. Moi, je voulais désormais tendre des passerelles, vivre ma vie pleinement, lui donner du sens. Être fière de mes choix. De tous mes choix.

— Ferdinand, tu m'as dit que tu avais créé une fondation ?

— Parfaitement, ma chérie !

Ferdinand ne touchait plus terre. Il fallait profiter de ce moment d'euphorie où il se croyait le maître du monde pour obtenir de lui un engagement durable. Je lui expliquais qu'il devait consacrer une partie de ses fonds à l'accueil des migrants. Victoire nous avait fait part de ses difficultés à former des guides. Si on les faisait venir en France, en leur donnant de bonnes conditions d'hébergement et d'enseignement, pas seulement les Algériens, mais aussi les Maliens, les Mauritaniens, les Burkinabés… tous ceux avec qui il travaillait en Afrique, si on organisait une véritable université d'été, quand il ne pouvait pas envoyer les touristes au Sahel de toute façon parce qu'il faisait trop chaud, il y avait moyen de créer un vrai processus de développement. De lutter contre le chômage en améliorant l'accueil des touristes, si souvent inquiets de se rendre en Afrique.

Victoire paraissait ravie. Son visage avait retrouvé de belles couleurs. L'air radieux, elle lança :

— J'ai une idée ! Si on organisait un grand festival annuel où on puisse tous se retrouver ? Une grande fête autour de l'Afrique, avec des débats, des concerts, des expositions ?

— Un Davos de la fraternité entre les peuples ! La fraternité par le tourisme ! renchérit Joël, que l'enthousiasme rendait grandiloquent.

Le visage creusé de Ferdinand rayonnait, environné d'un nuage de fumée. Je l'avais déjà remarqué : chaque fois qu'il était sous pression, Ferdinand fumait des cigarettes à la chaîne. Ça y est, il était lancé. Le centre de formation, le festival, il acceptait tout. Et même – il se tourna vers moi – lancer à Timimoun des chantiers de travail avec la jeunesse locale, réhabiliter la palmeraie, construire des maisons d'hôtes, former des chameliers… « Tu sais, tout ce dont ton étudiante a parlé hier ? »

Bernard, Emmanuel, Malia, Frédéric, Zohra… Tous se prenaient au jeu, lançaient des suggestions, proposaient leur aide. Mick annonça qu'il allait embaucher ceux qui le souhaitaient dans ses chantiers de réhabilitation à Marseille. « Il faudra que je demande aux étudiants de m'aider, tu me donneras leurs coordonnées, Laura ? »

C'est euphoriques que nous montâmes dans l'avion.

L'ancien président de chaîne de télévision et le journaliste d'origine algérienne qui avaient participé comme moi à l'émission de télé avaient mobilisé tous leurs réseaux pour que les Algériens ne soient pas refoulés en arrivant en France. Ferdinand appela des amis à lui qui travaillaient à la police des frontières. Les journalistes prévinrent leurs confrères : caméras de télévision et équipes de reporters devaient nous attendre à l'arrivée. La publicité serait notre meilleure alliée. Ainsi les Algériens ne seraient pas refoulés.

Personne ne leur demanda s'ils comptaient profiter de la facilité qui leur était faite pour s'installer en France. Il était évident que la plupart d'entre eux aimaient trop leur pays pour le quitter, surtout si on leur donnait la possibilité d'y vivre décemment.

Et puis si certains d'entre eux manquaient à l'appel d'ici quelques jours, quelle importance ? Ils n'allaient pas faire s'effondrer l'économie française pour autant… Bien au contraire.

Nous avions le sentiment de jouer un bon tour à tous ceux qui portaient atteinte à la dignité des hommes en les empêchant de se déplacer, d'aller à la rencontre les uns des autres. Dans l'avion, il y avait des Français, des Argentins, des Algériens, des Espagnols, des Indiens d'Amérique… Tout le monde se parlait, riait, se promenait dans les travées comme une immense colonie de vacances. À nous tous, nous étions devenus une petite planète.

Je jetai un coup d'œil par la fenêtre : l'immensité dunaire du grand erg occidental s'étendait à perte de vue. Timimoun n'était déjà plus qu'un pointillé vert et rouge perdu dans un océan de sable.

Grâce à ce voyage, j'avais enfin compris que certains mariages abîmaient plus les femmes qu'une séparation, même douloureuse. Celles qui osaient sauter le pas retrouvaient l'estime de soi qu'une conjugalité de routine avait fini par éroder. C'était seulement lorsqu'elles avaient parcouru ce chemin-là qu'elles pouvaient renaître dans le regard des autres.

Qu'est-ce que j'étais heureuse d'être débarrassée de mes tourments ! Pendant des années, j'avais vécu dans l'incertitude et l'anxiété, doutant de tout, à commencer par moi-même… Aujourd'hui je savais que l'insatisfaction de certains hommes faisait partie intégrante de leur nature. Leur quête existentielle les poussait à tromper sans cesse de peur d'être trompés, à abandonner avant d'être abandonnés. Même la plus belle femme du monde finissait par les lasser, dès lors qu'elle leur était acquise. Ils étaient voués à rendre malheureuses toutes celles qui les aimeraient sincèrement et croiraient pouvoir arrêter la roue. Personne ne pouvait arrêter la roue, sinon la mort. Ils étaient nombreux, ceux qui ne savaient pas être heureux. J'avais enfin appris à les tenir à distance. Comme Marc, beaucoup d'hommes étaient friables en réalité, ils manquaient de courage, tentant de tout concilier sans rien réussir. Il ne fallait pas attendre des hommes friables qu'ils vous portent, juste savourer la tendresse qu'ils pouvaient être capables de donner, tout en connaissant ses limites.

Il m'avait fallu du temps, mais j'avais fini par faire la seule chose qu'il y avait à faire : redresser la tête, panser mes plaies et celles des miens. J'avais enfin appris à marcher sur mes deux jambes. Cesser de regretter le passé était le seul moyen pour aborder enfin l'avenir. Longtemps, j'avais cru ne pas y arriver, mais j'avais réussi à guérir. La vie d'avant m'avait légué trois enfants magnifiques, une grande force d'âme et la capacité d'accueillir enfin chaque bonheur de l'existence dans ce qu'il avait de meilleur. La beauté du monde, la gentillesse des gens simples, l'infinie richesse des rencontres, de toutes les rencontres, j'avancerais désormais dans la vie avec la sérénité de ceux qui ont appris l'essentiel. J'espérais pour Marc qu'il serait enfin heureux, comme je l'étais, moi, à présent. Mais j'en doutais. Marc portait en lui une profonde inaptitude au bonheur. Il n'accepterait jamais de vieillir, jamais de s'assagir. Il mourrait les armes à la main, furieux contre lui-même, dans un dernier combat, celui qu'on perdait toujours. Mais je serais là. À jamais je lui garderais mon affection, ma tendresse. Je serais là si un jour il avait besoin de moi, oubliant l'amertume et les reproches pour lui rendre ce qu'il m'avait transmis de meilleur.

La vraie jeunesse était celle du cœur, du bonheur d'être soi, entourée de ceux qu'on aime, vivant chaque jour qui passe comme un don inespéré. Cultiver la gentillesse face à la violence du monde, tout en se protégeant des cyniques, des méchants et des profiteurs. Désormais je privilégierais la simplicité, la franchise, la gentillesse du cœur, ceux qui m'accepteraient telle que j'étais, avec mes limites et mes faiblesses, que je n'essayais plus de cacher. Ma vie restait à écrire. Je savais qu'elle serait belle, désormais.

Il n'est jamais trop tard…

J'ai reçu récemment un petit paquet qui venait d'Algérie. Il contenait un livre de Nora, façonné dans un beau papier grège, comme un objet précieux. « Pour Laura, cap au vent, droit devant » portait la dédicace. Je l'ai ouvert avec bonheur. Ainsi elle ne m'avait pas oubliée ! Moi aussi, j'avais souvent pensé à elle, sans savoir comment la joindre.

Le livre parlait des chevaux et de ceux qui les aiment. Il m'apprit que certaines personnes possédaient le don inouï, rien qu'en regardant un cheval, de savoir s'il allait vous convenir ou non. Elles pouvaient deviner si votre monture allait vous rendre heureux ou, au contraire, vous envoyer mordre la poussière.

Le mot qui les désignait n'existe que dans la langue arabe : ces personnes étaient des khaïels, les oracles des chevaux.

Grâce à Nora, j'ai compris que mes filles portaient une grande force en elles : elles étaient des khaïels.

Et que nous avions tous une mission, devenir les khaïels de notre propre vie, pour en infléchir le cours et savoir la rendre belle et souriante. Il n'était jamais trop tard.

REMERCIEMENTS

Ce roman se veut le prolongement de mon *Manuel de guérilla à l'usage des femmes* (Grasset, 2009). Il s'est nourri des très nombreux courriers que j'ai reçus après sa publication et ma gratitude va à toutes celles qui m'ont écrit. Par leurs témoignages, leurs longues lettres émouvantes, elles m'ont montré à quel point nos histoires, toutes singulières pourtant, se ressemblaient. Plutôt que d'écrire un second essai, j'ai préféré respecter leur intimité et donner à cette suite une forme romanesque, en décrivant comment une femme meurtrie parvient à surmonter l'épreuve d'une séparation tardive. J'espère qu'elles trouveront l'écho de leur propre cheminement dans ce *Voyage à Timimoun.* Un essai a été consacré aux divorces tardifs aux États-Unis : *Calling it quits, Late-life divorce and starting over* de Deirdre Bair (Random House). De très beaux romans ont aussi été publiés sur la question, comme *La première épouse*, de Françoise Chandernagor (Gallimard, 2006) ou *Alma*, de Françoise Lefèvre (Le Rocher, 2003).

Sur Timimoun et sa région, il existe plusieurs ouvrages admirables. *Timimoun, aux sources du sublime* de Saïd Hacene, publié chez Artimi et Sequoia Team, *Timimoun* de Rachid Boudjedra (Denoël, 1994), *Algérie*, de Claire et Reno Marc, paru chez La Martinière en 2010. Je me suis aussi appuyée sur les travaux géographiques de Rachid Bellil, Jean Bisson, Boualem Remini, ainsi que sur ceux de mes étudiants de master 1 à la Sorbonne, qui ont effectué des recherches remarquables, avec une mention spéciale à Églantine, Sabrina, Maud, Cécile et Patrick.

C'est au roman *À ciel ouvert* (Le Seuil, 2007) de l'écrivaine canadienne Nelly Arcan, que j'ai emprunté le concept de burkha de chair. *Dernière Morsure*, le livre de ma fille Ariane Fornia (Robert Laffont, 2007), m'a beaucoup inspirée, je l'en remercie de tout cœur. Tout comme je remercie Nora Aceval, et sa *Science des femmes et de l'amour* (Al manar, 2009) dont est tiré le conte du sultan amoureux de son cheval. C'est aussi de Nora Aceval que je tiens le Khaïel.

Les chevaux, comme toujours, sont présents dans ce livre (comment vivre sans les chevaux ?), et je voudrais saluer ici tous les cavaliers et les cavalières avec qui je partage mes bonheurs équestres : les membres de l'Académie Pégase et de l'ENE, Patrice Franchet d'Espèrey, Guillaume Henry, Robert d'Artois, Jean-Michel Faure, Pascal Sarpoulet… et tous les autres, que je ne peux citer ici. Luis Vasconcellos de Souza, qui m'a fait connaître Golega, Alain Bellanger, le dresseur en liberté, véritable khaïel, Véronique Jambon et

Mustapha Elbajaoui, Laurence et Cédric, l'équipe de la Cense et celle de Cheval d'Aventures… Une mention particulière au prince des chevaux, Jean-Louis Gouraud. Et à Éric, sans qui ce livre n'aurait pas vu le jour.

Les musiciens argentins existent vraiment. Il s'agit de l'Orchestre des instruments indigènes et des nouvelles technologies, dirigé par Alejandro Iglesias Rossi. Ils sont abrités à Buenos Aires par l'Université nationale du 3 février.

Enfin, parce qu'un livre est toujours le fruit d'une équipe, j'adresse aussi un remerciement particulier à mes éditeurs, Karina Hocine, qui porte l'Algérie dans son cœur, et Jean-Paul Enthoven, dont peu savent qu'il est né à Timimoun. Tous deux ont cru en mon travail, ainsi que tous celles et ceux qui se sont battus pour le faire connaître : Brigitte Béranger, Élodie Deglaire, Nelly Mladenov, Éric Biville,…

Je termine cette longue et nécessaire énumération en adressant à mes enfants et à mes sœurs une pensée particulière pour leur chaleureuse présence à mes côtés et leur indéfectible solidarité. Merci de tout cœur à mes filles d'avoir relu attentivement le manuscrit et de m'avoir fait bénéficier de leurs conseils et à mon fils pour sa tendre affection et son humour.

Sylvie Brunel,
septembre 2010.

Pour l'éditeur, le principe est d'utiliser des papiers composés de fibres naturelles, renouvelables, recyclables et fabriquées à partir de bois issus de forêts qui adoptent un système d'aménagement durable.

En outre, l'éditeur attend de ses fournisseurs de papier qu'ils s'inscrivent dans une démarche de certification environnementale reconnue.

Ce volume a été composé par Facompo
et achevé d'imprimer en octobre 2010
sur Roto-Page
par l'Imprimerie Floch
à Mayenne
pour le compte des éditions Lattès
17, rue Jacob
75006 Paris

N° d'édition : 01 – N° d'impression : 77959
Dépôt légal : octobre 2010
Imprimé en France